民主主義のミカタ

宇野重規×岸本聡子

◉東大教授
宇野重規
◉杉並区長
岸本聡子

東京新聞

民主主義のミカタ

宇野重規✖岸本聡子

はじめに

国際政治の場で民主主義と正義を1ミリでも進めたい、後退させたくないと、奮闘してきた20年を経て、私は今、東京の杉並区で同じたたかいの延長線上にいる。そのために日本に帰ってきた。ここでのたたかいはやさしく、しなやかで、地べたに近く、生活そのもの。国際的な場と違って、ここには怒りも笑いもリアルに私の目の前にある。目の前の人たちが織りなしている息づかい、営みや、生きざまがある。

昨年夏に区長に就任してから、できる限り地域に出て、現場を見て、住民との話し合いや対話の場をつくってきた。私が区政の様々な側面を理解するにも、今までにできてしまった対立構造や行政への不信感を癒すためにも、まずは私が地域に出ていって正面から現実を受け止めないといけないと思った。この7カ月間、毎日、民主主義とは、住民自治とは何かと考えない日はなかった。

公共施設の再編をめぐって苦労している若手職員の1人が「丁寧に説明しているのに」と吐露する。住民説明会では「すでに決まっている。言っても聞いてもらえない。(でも、言うわよ)」と、行政と住民の不幸せな関係性を見てきた。行政にとって、住民の声は「一部の人の意見」であり続け、住民の不安と不信は先鋭的になっていく負のサイクル。住民が恒常的に議論に参加し、行政はそれを大切な要素として政策を考え、成果が地域に戻る循環が必要であると痛感している。

住民自治とは——。地域ごとを自分ごととして、学びあい、対話し、議論し、異論を受け入れ、熟議へと成長させていく場が街中に恒常的に無数にあることではないだろうか。いや、杉並区にも、どこの地域にも、こういう状態があるのだと思う。それが政治につながっていないだけ。平和を願う気持ちや、多様性を強さや豊かさにすること、ジェンダー平等を求めること、生活者に優しいまちを創っていくこと、文化を楽しむこと。そういう当たり前の正義を路上から、まちかどから、地べたから求める生活者の感覚と、政治・行政が離れすぎているのだ。

こういう地域社会での対話の場に行政職員や首長、議員が赴き、1人の主権者として対等に参加することから始めたい。政策立案や立法の責任を持っている公人は、生活者のエネルギーを意思決定の回路に有機的につなげることに、知恵を絞り、汗をかかなくちゃ。そして、政策の執行を通じて、その成果を地域社会に還元し、参画した市民が生活の中で前向きな変化を体感し、勇気づけられる。もっと自分事の創造力の範囲を広げていき、主権者としても地域社会全体としても成長していく。そういう自律的で寛容な社会をつくる弛まぬ努力をしている間に、リーダーシップを問い、審査する選挙がなくてはいけない。「選挙に行こうよ」という呼びかけが多くの人にリアルに響くために、選挙と選挙の間こそが、私を含め政治に関わる者の仕事だと本当に思う。

統一地方選挙の投票率が40％台、単独の首長選挙は杉並区も例外ではなく30％台である。尊敬するベテラン市長と話しているときに、彼は「この投票率では、ファシズムや全体主義がいつ台頭してもおかしくない危機的な状況だということを、政治に関わる全ての人が認識しなくては」と言った。地域のほとんどの人を置いてけぼりにしてしまう利権政治、利益配分型政治と距離を置き、「私たちのことは私たちが決める」

「地域のことは地域で決める」自信と楽しさを地域でつくっていく道を私は選ぶ。

若者も、子育て世代も、働き盛りの世代の人たちもとても忙しい。だからといって、地域や政治に興味がないわけではない。「街中に一休みベンチを増やすプロジェクトを始めましょう」「駅前をどのようにデザインしたいか一緒に考えませんか」というように具体的な地域の課題ごとに、市民が参加できる課題設定型の対話の場を無数に創りたい。地方自治は民主主義の学校だし、最高の練習場だ。地域で実践と練習を重ねながら、この国のかたちや未来に思考を伸ばし、さらには国境を超えた国際社会が見えてくる。

宇野先生との対談で、先生は「デモクラシーは主義ではなくて、普通の人が力をもって社会を動かす状態。きれいな空気が吸えて、贅沢ではないけどおいしい食べ物が食べられて、明日を心配しなくていいという環境こそが正義〈ジャスティス〉だ」とおっしゃった。先生は「自分の現状に満足しきって、もっと理想があるだろう、高いものがあるだろうなどと思いもしない人々」を「大衆」と呼ぶ、というオルテガ（スペインの思想家・哲学者）の説も紹介してくれた。

先生と話しながら、たった76年前に女性は参政権がなかったことに思いを馳せた。今、私たちが手にすることができる自由や権利は、自動的に得られたものではないし、未来に保証され得ているものでもない。世界中で、労働、女性、環境、人権などの社会運動が時の権力に対峙し、幾度となく敗北を繰り返しながら、世論形成のために汗をかき、一歩一歩勝ち取ってきたものだ。この努力の結晶を無意識に享受して、放っておいたら、いつの間にか、すり減っていく。民主主義はたたかい続けなければ退化していく。

私は主権者として主体的に生きたい。そういう仲間とつながり、仲間を増やしながら楽しく地域で暮らしたい。１人の生活者であり続けながら、民主主義と自治の潜在的な能力を引き出す仕事を首長として、毎日、一歩一歩進めていきたい。みんなといっしょに。

２０２３年１月

岸本聡子

目次

※本書は、東京新聞のＷｅｂ講座で行われた宇野重規氏の講義、東京新聞に掲載された岸本聡子氏のインタビュー記事、両氏の対談をそれぞれ編集し、収録しました。本文中の肩書きや年齢などは、講座開催日・新聞掲載当時のものです。

民主主義のミカタ

宇野重規✖岸本聡子

民主主義の危機　宇野重規

東京新聞ニュース深掘り講座（２０２２年12月14日）より

日本の民主主義が追い詰められている。専守防衛を形骸化させる安全保障政策の転換や原発の60年超運転の容認、高齢者医療の負担増……。政権・与党が選挙で国民に知らせず、十分な議論もないまま、国民の安全や暮らしに直結する重要な政策を次々と決めている。日本は本当に民主主義の国なのか。宇野重規《しげき》・東京大学教授が民主主義を取り巻く現実を東京新聞のWeb講座で語った。

◉民主主義と独裁者

残念ながら、過去数年の間に、じりじりと民主主義が追い詰められてきていると感じています。果たして、民主主義はこれから反撃していけるのだろうか。２０２３年以降、民主主義の年になってほしいと期待はしていますが、まずは２０２２年、民主主義が世界と日本でどういう状況に置かれたのか、あらためて考えてみたいと思います。

それにつけても２０２２年というのは大変な年だったと思います。何よりもロシア

東京新聞ニュース深掘り講座で、世界の民主主義の危機について語る宇野重規氏

のウクライナ侵攻。今後「２０２２年は何があったか」と言われると、これが語り継がれていく年になると思います。ここ数年、ブレグジット（イギリスの欧州連合離脱）、トランプ現象、ポピュリズム（大衆迎合主義）が進む中で、民主主義は大丈夫なのだろうか、そして、民主主義がだんだん、危ういものになっているのではないかと、皆さんも思っていたと思います。

また、コロナ禍のような危機に対して、民主主義はうまく対応できるのだろうかと思っていた人もいたかもしれません。独裁的な指導者のいる国の方が手際よく

2022年、歴史的な一年

- ロシアのウクライナ侵攻、独裁的指導者の予測不可能性

- ドイツ、フィンランド、スウェーデンの歴史的転換
- 国連総会緊急特別会合の非難決議では、ロシア、ベラルーシ、北朝鮮など5か国の反対、中国やインドなど35か国が棄権。世界の分断が進む

写真はロシア大統領府公式サイトから

迅速に危機に対応できるのではないかという言説もしばしば耳にしました。しかし、２０２２年になった時、ロシアのプーチン大統領が突如、ウクライナに侵攻したという事件を受けて、多くの方が思ったのは、やはり独裁的指導者というのは恐ろしいということです。

なるほど民主主義というのは、多くの人が政治に参加します。多くの人が政治に意見を言います。当然、一つの意見をまとめるのに時間はかかりますし、手間もかかる。そういう意味では、民主主義は面倒くさいという方もいると思います。しかし、だからといって、独裁者がパッと決めてしまうことが常にいいのでしょうか。もし、独裁者が非常に間違った判断をしたときに、それにストップをかけるものがあるでしょうか。そのことを痛いほど感じたのが、ロシアによるウクライナ侵攻だったと思います。果たしてロシアの多くの人々はウクライナへの全面的な戦争を期待したのでしょうか。私はそうは思いません。しかしながら、ひとたび独裁的指導者が戦争を始めてしまうと、誰も止められません。

私は、民主主義というのは常に振り子が働いていると思っています。つまり、民主主義っていうのは、ある瞬間、すごく極端に振れることもあります。でも、多くの人が政治に参加して、多くの人に発言の機会が与えられる民主主義では、必ず修復力が働きます。違う意見が必ずありますから、一方の側にだけ突っ走るということはなくて、どこかで戻ってくる。その一方で、独裁的指導者というのは、いったん振れてしまうと、止まらなくなる。そういうことを私たちは強く感じたと思います。多くの、私も含む政治学者も、ここまで全面的な戦争をプーチン大統領が仕掛けるとは必ずしも思っていませんでした。

◉変わった世界の風景

ということで、独裁者というのは、いかに予測し難いものであるか、そういうことを痛感した1年だったと思います。しかし、ひとたび独裁者の暴挙によって始まった、この世界の変動は思わぬ形でその波紋を広げつつあります。この1年で世界の風景は大きく変わってしまったと言わざるを得ません。例えばドイツです。皆さんがよくご存じの通り、ドイツという国は戦後、長らく防衛費、国防ということに関して、ある意味、日本と置かれた状況が似ていました。他の国から、もうちょっと防衛予算を増やせと言われても、ドイツという国は防衛費を上げることに非常に慎重な国でした。それがこのウクライナ侵攻を機に、一気にドイツも防衛費を上げるという事態が起こりました。

さらには、フィンランド、スウェーデンといった、ロシアとヨーロッパの間にあって、軍事的には長らく中立を維持してきた

東京新聞ニュース深掘り講座の収録風景（手前右が宇野重規氏）

国々がＮＡＴＯ（北大西洋条約機構）への加盟を決定しました。ロシアによるウクライナ侵攻によって、ヨーロッパはロシアに対抗しつつ、防衛力を強化するという方向に、雪崩を打つように大きく変化していきました。

そんな中、3月の国連総会で緊急特別会合が開かれました。ロシアに対する非難決議が評決されたわけですが、ロシアやベラルーシ、あるいは北朝鮮など5カ国が反対に回りました。このこと自身は予測済みだったかもしれません。しかしながら、中国やインドなど、35カ国が棄権しました。多くの国々が非難決議に賛成すると思われていたところ、実は、かなりの数の国々が両方の間に立って、様子見を決め込みました。ショッキングな光景でした。

世界は今や二分しているのか三分しているのか、米中対立が年初には言われてきたわけですが、今やロシアの台頭する中で、欧米諸国、ロシア、そして中国、インド。非常に複雑な世界の構図になってきました。こういう意味で、２０２２年というのは本当に歴史的に世界の風景が大きく変わる1年になったと思います。

２０２２年の後半の状況はどんな感じだったでしょうか。やはり、ウクライナ侵攻です。戦争を終わらせたい、それは人類の共通の希望だと思いますが、終結の見通しがつきません。ロシアがウクライナのいろんな地域を占領している現状で止めると、ロシアによる侵攻を既成事実化してしまう。さりとて、ウクライナの領土から、すべてロシア軍を追い出す、排除するには時間がかかる。そんな中で、いったいどういう形でこの戦争を終わらせたらいいのかということがロシア、ウクライナの両当事国はもちろん、世界の多くの人にとって、大きな問題です。「ここで終わらせればいいんだ」ということを、ひと言では言い切れない。なんとか終わらせたい。しかし、どう終わらせたらいいのか分からず、そのこと自体、大きな政治的な問題になっています。いつ、どのように終わらせるか、明確なシナリオをいまだにつくることができません。

◉苦境の世界……選挙は

その間に世界はじわじわと苦しくなってきています。世界中で資源、食料、エネルギーを中心にさまざまな資源価格が高騰しています。世界的な物流が分断されています。日本もそうです。いろんな物価がどんどん高くなっているということを日々実感しておりますが、世界の多くの国々を見ていると、日本以上に物価が高騰している国もあります。生活が苦しくなると、政治に大きな影響を及ぼします。それが各国の重要な選挙にも少なからず影響を与えたということが言えると思います。

２０２２年は大変な年だったと思います。ロシアのウクライナ侵攻で世界が揺るがされ、何とか世界が一致団結して戦争を終わらせるんだと思っている時に、国内で重要な選挙があると、各国の指導者は、一方でウクライナ問題を何とかしようと思いつつ、他方で自国の選挙をどうにかしないといけないということで、足元がぐらつきます。

皮肉なことに、２０２２年は世界的な危機が広がる中で、その当事者となる大きな国々で非常に重要な選挙がありました。そういう年だったと思います。

ウクライナ侵攻を非常に深刻に受け止めているヨーロッパでは、ドイツのメルケル首相が辞めました。ヨーロッパのキープレーヤーの一つ、フランスでは、現職のマクロン大統領が大統領選挙を迎えました。ある程度、予測はついていましたが、前回の大統領選挙と同じく、急進右派の「国民連合」のマリーヌ・ルペン氏が決選投票に残りました。結局、マクロン大統領が辛くもルペン氏を破って再選を決めましたが、決して大差がついたとは言えませんでした。前回の大統領選挙と比べても、両氏の差は縮まりました。

一方で、ルペン氏が右派の急進派を代表するとすれば、左派の急進派であるメランション氏も躍進しました。フランスは典型的に真ん中がどんどん薄くなっていって、右と左のある種の極端なグループが強くなって、マクロン氏の基盤はどんどん弱まってきています。

イタリアの総選挙も大変印象的でした。「イタリアの同胞」という新興政党を率いるメローニ氏という女性の首相が連立政権を率いることになりました。女性の指導者が増えていくこと自身は、非常に喜ばしいと思いますが、メローニ氏はかつて非常に右派的な発言をしていた人物でした。こういう人が首相になったこともショッキングなことでした。

選挙で大きかったのは、やはりイタリアも物価がエネルギー価格を含めて非常に高くなっています。そういう中で、どこまでウクライナ戦争に耐えていけるかという国民の不安が、メローニ氏を後押ししたと言われています。

2022年後半で一番注目の選挙といえば、アメリカの中間選挙でした。皆さんご存じの通り、事前には、共和党が勝つのではないのかと言われていました。上下両院とも、場合によっては共和党が多数を制するとの見方もありました。そうなってしまえば、バイデン大統領が残り2年の任期中、いわゆるレームダック（死に体）の状態、つまり、議会を野党、敵対党派に取られてしまった結果、思うように法案を通すことはできない無力な状態に陥ってしまうのではないかという予測もありました。しかし、野党の共和党が上下院で圧勝する「赤い大波」は来ませんでした。

そういう意味で言うと、トランプ前大統領が次の大統領選に出るかどうかということが話題になっていますが、前の大統領選挙、あるいは前の前の大統領選挙以来、トランプ氏にアメリカの政治は大きく揺さぶられてきたわけですが、何とか、ここでアメリカの民主政治は踏みとどまったと言えるかもしれません。特に、次の大統領選でも注目されるペンシルベニア州の上院選で民主党は勝ちました。おそらくトランプ氏にしてみると、思っていた通りには勝てなかったと思っているのではないでしょうか。逆から見れば、トランプ氏に少し歯止めをかけることができたとも言えます。そういう意味では、何とか、アメリカの民主主義もギリギリ一線、踏みとどまったのかなと思っています。ただし、バイデン政権にしても、上院で与党・民主党が盤石の議席を握っているわけでなく、下院も共和党が優勢ですので、なかなか苦しい政権運営が続くと思います。

◉「最下位」の民主主義

さて、肝心の日本はどうでしょうか。世界の中で民主主義が追い込まれ、非常に危機になっている中で、「日本は大丈夫だよね」と果たして言えるでしょうか。これが今日の講座の一番大きなテーマになります。ちなみに、外からどういうふうに評価されているか確認しておきたいと思います。民主主義指数というのは、皆さんご存じでしょうか。よく新聞なんかで報道されます。世界の国々の比較で、民主主義のいろんな指標を測りながら、各国の民主主義はこの程度であると、順位付けをするもので、毎年、示されています。

いろんな基準はありますが、イギリスのエコノミスト社に属する研究機関が出している、いわゆる民主主義指数がよく話題になります。今一番新しい２０２１年の順位では、日本は17位です。確かに順位が上がってきてはいるのです。２０２０年は21位。２０１９年は24位でしたから、若干、上昇傾向にあるので、日本の民主主義も少し持ち直したかと言いたいところではあります。が、しかし、この指数では、民主主義の成熟度が点数ごとに四つに分類され、一番上が「完全な民主主義国」、次が「不完全は民主主義国」と位置づけられています。２０２０年、日本は「完全な民主主義国」のほとんど最下位でした。２０１９年は「不完全な民主主義国」の上位でした。

要するに、今、日本は、世界の国々でいうと、「完全な民主主義国」の最下位かブービー。さもなければ「不完全な民主主義国」の方に落ちてしまうところで、ウロウロしているというのが、日本の民主主義の国際的な評価です。何でこんなに低いのかと思う方もいるかもしれません。しかし、決してこれはいい加減な指標ではありません。客観的な指標、数値が入って計算されています。日本の民主主義の評価が低いのは当たり前です。何より大きいのは投票率の低さです。国政選挙の参院選の投票率ですら、今や50パーセントを切りかねない。2022年の参院選は50％を超えましたが、過去には切ったこともあります。

このように国政選挙でも2人に1人は投票しない、投票所に行かない。民主主義の投票に行く人が2人に1人しかいない。このような状況で日本の民主主義が胸を張って「自分の国は民主主義だ」と言えるのかって言われれば、当然、怪しくなるわけです。これだけ投票率が低いというのは、いわゆる世界の先進民主国家において非常に珍しいだけでなく、今、アジアの国々と比べても、非常に低い数値です。

さらに、これも皆さんよくご存じの通り、日本の政治の悪評の一つといえば女性議員の少なさです。これは国会議員だけでなくて、地方議員もそうですし、企業の経営幹部も含めて、女性の割合が極端に少ない。ジェンダーギャップ指数（男女格差の度合い）では、2022年は146カ国中116位です。これはひどい。先進国の中どころか、世界の多くの国々、権威主義国家を含めて、すべてを並べても、かなり悪いのが日本のジェンダーギャップ指数です。

また、報道の自由も２０２２年は71位。ここ数年で随分、下がりました。２０１０年代の初め頃は11番ぐらいでしたが、どんどん日本の報道の自由の世界的な評価は下がり、71位という、世界的に見てひどい状況になっています。これが世界における日本の位置づけで、残念ながら、認めざるを得ない部分があろうかと思います。

◉露呈した癒着

さて、２０２２年の日本の政治を振り返っていきたいと思います。まず、やっぱり、どうしても触れざるを得ないのが、いわゆる旧統一教会と安倍晋三元首相の国葬の問題です。もうだいぶ遠くに感じてしまうのですが、安倍元首相が暗殺されるという非常に衝撃的な事件があったのが２０２２年でした。いろいろ背景があったわけですが、一国の元首相、現役の政治家が選挙戦の最中に暗殺されるということ自体、ものすごくショックな事態です。選挙というのは候補者や政党、支持者が激しく対立するものですが、あくまでそれは言論の戦いであって、暴力を用いるということは厳しく否定されるべきです。元首相が公然と殺される、命を奪われるという事件が非常に衝撃的な出来事であったことは言うまでもありません。

しかし、安倍元首相の暗殺自体、ショックでしたが、それから先も次々と驚くような事態が続いたと言わざるを得ません。まず旧統一教会の問題でした。これは政界のタブーと言える問題ではないでしょうか。旧統一教会が多くの社会問題を生み出しながら、実は、政界のかなり深いところにまで影響力を及ぼしていることが明るみに出ました。旧統一教会に政治的に依存して、選挙もやってもらい、当選している国会議員が多数いるのではないかということは、それ以前から知られた事実だったのかもしれません。しかし、この安倍元首相の暗殺事件を契機に、旧統一教会への政治の依存がここまで深いものであって、保守政党の多くの政治家たちがどっぷりと依存していることがあからさまになり、多くの有権者はショックを受けつつ、やはりそうだったのかと思ったはずです。

それ自体、深刻な問題です。旧統一教会の言っていた政治的な主張、特に男女平等を巡る主張が自民党をはじめ、保守政党に少なからず影響を及ぼしていたということも、非常に深刻なことです。さらに、このような形で公然化したのち、今度こそ政党は自らを律して自浄能力を示したかといえば、そうではなかった。というか、できればこの問題をなるべく隠しておきたい、封じ込めておきたいという姿勢があらわになりました。一体、どの政治家がどういう形で旧統一教会と関係を持っていたのか、そして、その関係をどのように清算したのか、客観的には分かりません。たまたま、そういった人たちが閣僚に

旧統一教会問題と安倍晋三元首相の国葬

- 安倍元首相の暗殺事件の衝撃
- 政界の旧統一教会への依存と自浄能力の欠如を露呈
- ドタバタの救済新法
- 根拠と基準なき国葬の強行、世論の分断の顕在化、「誰のための国葬」か

なったりすると、その人の過去の旧統一教会との関係が一つ、また一つとあらわになって、そのたびにスキャンダルになることが繰り返されました。政界の旧統一教会への依存が、底なし沼の状況であることが明らかになってしまいました。

この宗教団体に多額の献金をして被害を受けた多くの被害者、あるいはその家族に対する救済のための新法がようやく成立しました。そのこと自身は喜ぶべきことだと思いますが、この経過は非常にバタバタしたものでした。ある意味、政権側はこの問題を正面からとらえられず、結果的に対応が鈍かった。

ドタバタで救済新法は通りましたが、本当に新法は機能するかどうか、被害者にとって使いやすいものなのか、十分な救済が期待できるか、疑問が残ります。そういう意味で、本当にこれでよかったと言えるかどうか、まだ分からないのが現状です。

◉分断を招いた国葬

そして、国葬問題が起こりました。国葬というのは日本では法律的な根拠が十分にありません。かなり苦しい法律的な解釈で、何とかやったというのが現実です。仮に国家が人の葬儀を行うとすれば、それは何のためにやるか、どういうときにやるべきなのか、明確であるべきです。特に、民主主義国家で政治家をもし葬儀の対象とするとすれば、それはいかなる条件があったらやるべきなのか。重大な問題なのに、十分な議論がされたのかというと疑問です。葬儀を通じて故人に対する哀悼の思いを国民みんなが共にすることによって、民主的国家が強くなる、再生するきっかけとなるというならば、絶対的にやってはいけないという立場ではありません。しかし、今回の国葬に関して言うと、なぜ安倍元首相に限って国葬をやるのかということ、何ら理由がはっきりしませんでした。そして、多くの人の反対を招き、世論はこれによって、より大きく分断されてしまったのではないでしょうか。

人々の心の傷を少しでも癒すためというなら分かりますが、国民の間の分断を広げる国葬をやる必要があるのか。それは特定の人たちに対する思惑のためだけにやったのではないのかと、思わざるを得ません。国民のための、あるいは日本という国のための葬儀ではなく、特定の政治的な支持を持った人々に対するサービスとしてやったのではないかという批判の声が出ても、やむを得ないと思います。この問題は現代日本を大きく分断する状況をあらわにしてしまったというふうに言わざるを得ません。

◉議論なき政策転換

ウクライナ戦争から始まった２０２２年は、世界における民主主義の危機だっただけではなくて、日本社会にとって、本当に大切な、深刻な、これからの日本の何十年という未来を決めかねない大きな決定が次々と、しかも、決して民主主義的に十分な議論を尽くさない中で決定されてしまった年だったと思わざるを得ません。

一つの例として挙げれば、原発の問題です。日本は東日本大震災の時の原発事故によって、原子力発電というものの恐ろしさを思い知りました。そのような中で、これから日本のエネルギー問題を国民的に考えていかないといけないと、２０１１年にわれわれは誓ったはずです。10年以上をかけて、日本の国のエネルギーをどのように支えていくか議論してきたわけですが、２０２２年の後半に、突然、大きな転換点、非常に決定的な転換点がやってきました。

背景にあるのは、国際的なエネルギー危機です。ウクライナ戦争に端を発して、世界的にエネルギーの問題が深刻化しています。そのような中、どうやったら各国のエネルギーを安定して供給していけるかということが非常に問題になっています。日本も、この夏、あるいは冬も電力不足が非常に深刻な事態になっています。エネルギー、電気の使用量に関して、なるべく協力してほしい、自粛してほしいという言葉が伝えられ、電力がひっ迫した事態も招いてきました。これにはいろんな理由がありますが、やはり大きいのは再生可能エネルギーの停滞だと言わざるを得ません。

東日本大震災以降、日本はこれから再生可能エネルギーを大きく発展させていこうと誓ったはずですが、結論から言うと、10年以上たってみて、日本はすっかり世界の再生可能エネルギーの周回遅れの国になってしまいました。あの東日本大震災を経験した日本ですから、当然のごとく再生可能エネルギーで最先端の国になるのかと思ったのですが、逆でした。いろんな制度の問題があると指摘されています。コストがかかるとか、安定的な電力供給ができないということが言われました。また、日本の地理的な条件から設置は難しいっていうことも指摘されています。それでも、一例を挙げると、海上風力です。日本にとって海に設置する海上風力発電は非常に有望だと言われ、いろいろな形で試みが続けられていますが、気づいてみれば、多くの日本企業は撤退してしまいました。今は海上風力のほとんどがヨーロッパ系の企業です。

ヨーロッパではこの10年、力を挙げて再生可能エネルギーを増強してきましたが、日本は風力エネルギーを含め、再生可能エネルギーはあまり進まなかった。今や、多くの日本企業は撤退し、海外企業に依存せざるを得ない状況で、再生可能エネルギーはなかなか進まず、日本のエネルギー供給を深刻な状態にしています。ある意味で言うと、こうした空気感をどこかで後ろから押している人たちがいるのだと思います。これから脱炭素社会を迎えて、原子力エネルギーしかないという世論づくりのようなものが動き出しているということに、非常に懸念を感じます。

これまでの議論で、これからも原子力エネルギーへの依存を下げていくと思っていました。何十年かかるにしても、最終的にはすべての原子力発電所は停止し、原子力発電というものへの依存をなくしていくという方向に向かっていたと思っていましたら、ここにきて一気に原子力の方に大きく舵を切りました。原発のリプレース（次世代原発への建て替え）や新増設が大きく打ち出され、東日本大震災以来の日本のエネルギー議論が180度ひっくり返る大きな転換です。しっかりと国民的な議論をして、国民として、やはり原子力に依存していくしか手がない、原子力をなるべく安全なものにしていくのだ、という国民的な合意、決意があったというならば、仕方ないのかもれませんが、決してそうではありません。

ほとんど議論がないまま、気づいてみたら、原子力発電所をなくしていく、廃炉にもっていくのではなくて、リプレース、さらには新設、増設をするというところまで大きく舵が切られたわけです。その際、切り札と言われるのが次世代型の新型炉、非常に安全な新型炉が開発されると言われておりますが、その内実はかなり疑問です。一つ間違えば、非常に多くの費用がかかる新型炉の開発は進展しないまま、ずるずると、今の原子力発電所の使用年限の60年という上限撤廃という方向に行きかねません。ずるずると古い原子力発電所をただ使っていくという方向に大きく流れていくのではないかと、非常に悪い予感がします。そういう意味で言うと、原発の新設と書いてありますが、新設ではなくて、結局、旧型炉をそのまま、ずるずると使っていくという、より悪いシナリオすらあり得ると思います。

日本という国がこれからのエネルギーをどう考えていくかという重要な問題が、いつの間にか決まっていくということに、本当にこの国の民主主義の危機を感じます。講座のテーマの一つに「日本の民主主義は機能しているのか」を掲げましたが、国民的な議論がないままに、こんな大きな転換がなされるということに大きな危惧と不安の念を私は抱かざるを得ません。

◉戦後政治の大転換

さらに、「敵基地攻撃能力」の問題です。これを政府・与党側は「反撃能力」と言っているわけですが、これは敵国がミサイルでこちらを攻撃してくる可能性がある場合、敵のミサイル施設を破壊する能力を持つことです。日本が堅持してきた専守防衛でも、敵からミサイル攻撃を受けたとき、それに対して防衛手段を取ることはできました。今回の大きな転換は、相手側がミサイル施設をつくり、ミサイルを発射するという兆候を察知したとき、反撃することを可能にする能力を持つということです。そもそも、兆候といっても、はっきりとしたものがあるかどうか分かりませんし、どの程度の兆候があったら、反撃するのかも分かりません。

　エネルギー問題を東日本大震災以来の大転換と言いましたが、この敵基地攻撃能力問題はまさに戦後日本政治の大きな転換になるのではないでしょうか。自衛力を巡っては大きな議論がありました。中でも、専守防衛は日本の一つの大きな

敵基地攻撃能力（反撃能力）

- 敵のミサイル施設を破壊する能力
- 専守防衛からの転換
- 「武力攻撃の開始」？
- 歯止めなき軍拡競争へ

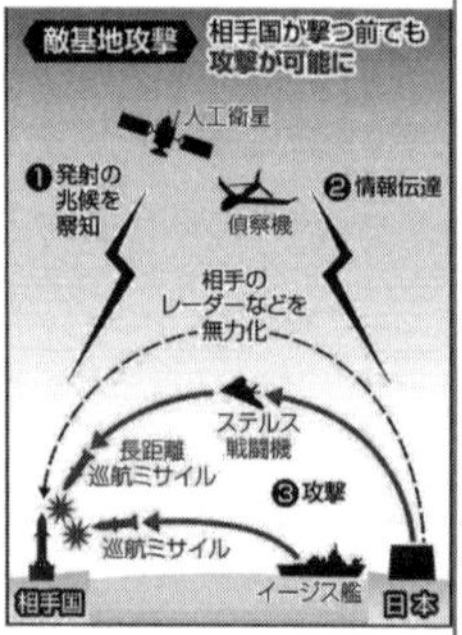

安全保障政策の根幹をなしていた発想だと思います。今後は、敵がミサイル基地をどんどん作っていけば、それを攻撃する能力を持っていく。そして、もし向こうが使う兆候を示したら、それを攻撃する能力もある。それも自衛権の発動だという議論です。

これはいろんな影響を及ぼすと思います。一つには軍拡競争に歯止めが掛からなくなるということです。敵に攻撃された事実がないままに、敵が攻撃しそうだという段階で、こちらから攻撃を仕掛けるというなら、敵も同じことを考えて行動しかねません。日本が敵基地攻撃能力を持つと思えば、相手の国もまたそのような能力をさらに上回る形で持とうとする。イタチごっこのように、こっちがやれば、あちらが強化し、あちらが強化すれば、さらにこちらが強化する。歯止めなき軍拡競争へと進む可能性が極めて高いということです。しかしながら、多くの議論は、敵側の方でミサイルの攻撃能力がどんどん高まっていて、ものすごい額の防衛予算が投入されている。日本もそれに対抗していかないと、日本の防衛はできないという言葉が一人歩きしているというように思います。

これと非常に密接に結びついているのが防衛費の増額です。岸田文雄首相が発表した通り、これから5年間かけて43兆円を投入していくことになります。なぜ、一気に軍事力、防衛費を増額するのかといえば、ドイツがこれまでの枠組みを大きく破ってＧＤＰ２％超ということを打ち出したことを受けてのことです。言い換えると、ＧＤＰ２％超自体に、根拠があるわけではありません。かつてのＧＤＰ１％というのも、それ自体、根拠があるかどうか疑問ではありますが、一定の歯止めにはなっていたわけです。２％超という言葉が一人歩きしている中で、超えなければいけないのだ、超えないとどうにもならないという議論の方向へと、いつの間にか向かっていると思います。

財源を巡る議論があります。これはすごく重要な問題です。一番問題なのは、明確な財源を示さないままに、防衛費の増強を進めるということです。何を財源とするか、国債を発行するのか、増税をするのか。増税をするとすれば法人税を上げるのか、あるいは、ほかの何かを上げるのか。この辺の議論というのがあいまいなまま、防衛費の増額だけが一人歩きしているのが非常に大きな問題です。

それだけではありません。東アジア、中国の台頭を受けて、あるいは、北朝鮮のミサイル問題がある中で、日本の安全保障の危機感が高まっているということは私も承知しております。それに対して日本の自衛力を高めるということは、そのこと自体、まったく分からないというわけでは決してありません。しかし、安全保障というのは最後の手段。究極の手段です。そのような戦争、あるいは安全保障上の措置を行うということ自体、ある意味で、それが起きた時点で既に破局なわけです。われわれは軍事的な衝突という破局が起こる前に、何ができるのか。どこまで外交的な努力をできるのかということをした上で、初めて安全保障上の問題になるわけです。自分たちの国を今後どうやって守っていくかということに関して、国民の中でしっかりとした議論があって、その結果を受けて、さらに「やっぱりこれだけの自衛力が必要だ」「そのために防衛費はこれだけ必要だ」という議論もしっかりやって、そして、国民の間で、もし合意ができたのならば、あるいは大きな政策転換もあり得るかもしれません。しかし、現状を見る限り、極めて唐突にＧＤＰ比２％超や敵基地攻撃能力の言葉だけが一人歩きし、あっという間に既成事実が積み上げられていく、そんな状況に大きな危惧の思いを抱かざるを得ません。やはり、ここでも日本の民主主義は本当に機能しているのか、今が瀬戸際だと思います。問われていると思います。

そんな中、気になるニュースを耳にしました。防衛省による世論工作です。さまざまなインフルエンサー（ＳＮＳで影響力のある人）を使いながら、防衛省にとって有利な情報を発信しているということです。これは大きな問題だと思います。日本をどうやって守り、安全を保っていくのかという議論を国民がしようとしている時に、一定の方向に国民の世論を誘導しようという目論見《もくろみ》が、このような形で、いともあっけらかんと、公然と出てくるということに対して、本当に民主主

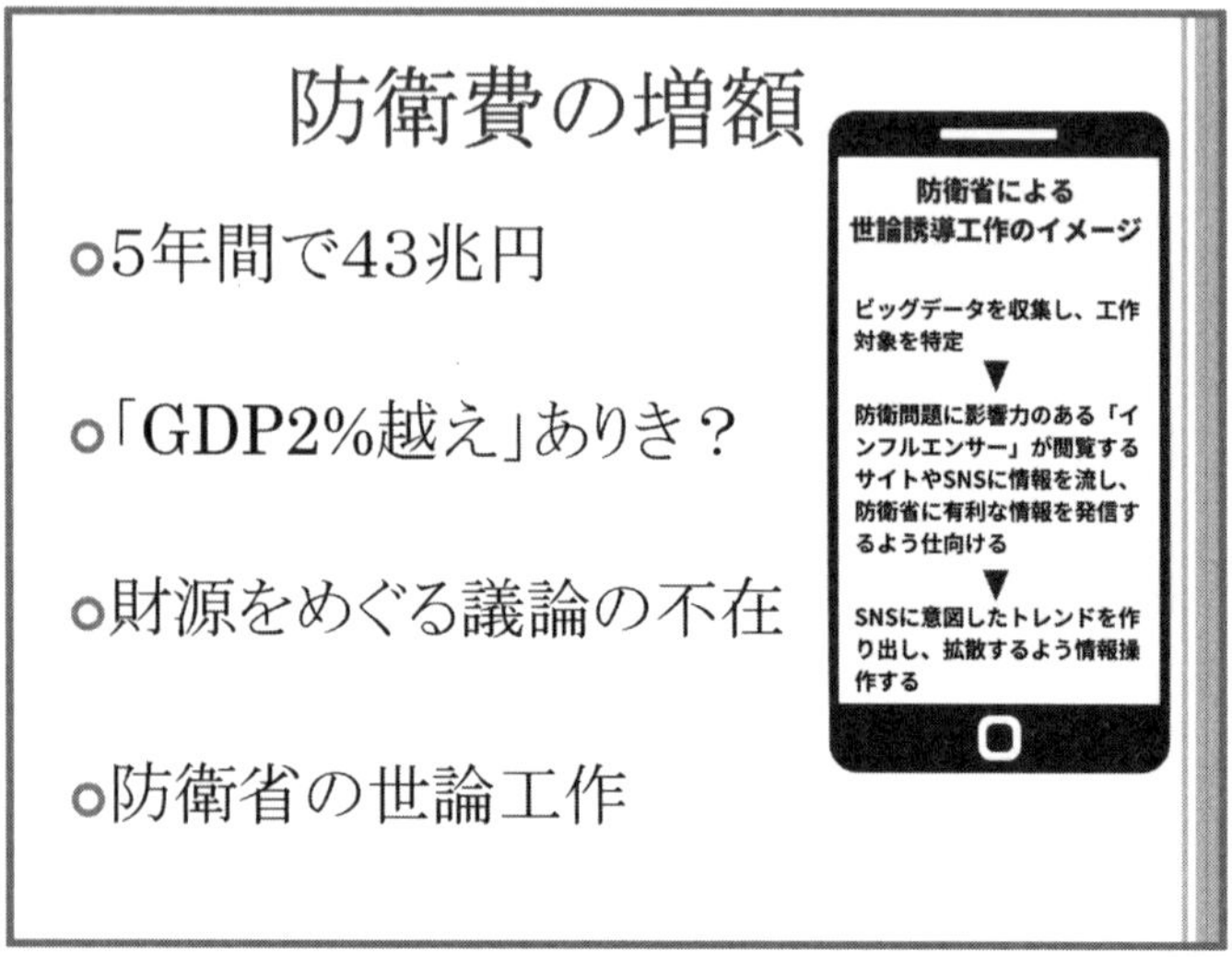

防衛費の増額
5年間で43兆円
「GDP2%越え」ありき？
財源をめぐる議論の不在
防衛省の世論工作
防衛省による
世論誘導工作のイメージ
ビッグデータを収集し、工作対象を特定
防衛問題に影響力のある「インフルエンサー」が閲覧するサイトやSNSに情報を流し、防衛省に有利な情報を発信するよう仕向ける
SNSに意図したトレンドを作り出し、拡散するよう情報操作する

義が脅かされていると思います。

◉慢性の危機

２０２２年は、日本がこれから向かっていく基本的な方針を考えなければいけない問題が次から次へと出てきて、さあ、これから日本社会をどうすべきかを考えよう、議論しようという矢先に、気づいてみれば「もう決定しました」となっていた一年でした。それに向けて、インターネット上での世論工作のような話が、いともあっけらかんと出てくるということが非常に恐ろしい事態であると私は考えています。このような、場合によっては日本を滅ぼしかねない急性の危機だけでなく、慢性の危機もあります。

慢性の危機も間違いなく進んでいます。非常に深刻な事態です。非常に気になったニュースの一つが、２０２２年上半期の時点ですが、出生数が40万人割れをしたという報道でした。１年間で、結局、最終的な出生数が80万人を割ると言われています。

人口減少という言葉に慣れっこになってしまっていますが、深刻な数字です。私の世代は非常に人口の多い世代で、同学年に２００万人いた時代でした。そして、私の子どもの世代でも１学年１００万人と言われていました。その後、１００万人を割ったことが大きな報道になったと思いますが、そこから先のスピードが本当に速かった。

　国立社会保障・人口問題研究所が長期的な人口予測を出しています。その予測で、人口が２００５年から０８年ぐらいにピークを迎え、減少に向かうことは知っていました。そして、これからどんどんどんどん減っていくということも知ってはいました

日本社会の危機の加速

- 上半期の出生数の40万人割れ
- コロナショックの一時的減少？
- 国立社会保障・人口問題研究所の2017年の予測より8年早いペース
- 歯止めのかからない人口減少

が、そのスピードが大きく加速しています。大きなきっかけとなったのはコロナショックです。コロナショックの結果、ものすごい勢いで1年間の出生数が減りました。コロナショックは一時的な現象だろうと言われていましたが、２０２１、２２年と減少が続き、決して一時的なことではありませんでした。

このペースで人口減少のスピードの加速が続いていくのではないか、と言われています。２０１７年の時点での予測よりも8年速いペースで人口減少が続いています。かつて、２１００年の段階では、日本の人口は６０００万人を割ると言われていましたが、それをさらに上回るような勢いで人口減少が進んでいます。歯止めが掛からないというのが正直なところです。でも、本当にこれはある意味で象徴的でして、日本は財政の危機もあります。こうした長期的な危機があって、この10年、20年ずっと「これは危機だ。危機だ」と言ってきましたが、オオカミ少年なのでしょうか、だんだんと危機という言葉に慣れ、ショックを受けなくなっています。

しかし、決して事態は解決されたわけではない。人口減少も、財政問題も、急坂を下り落ちるように、危機は加速しています。にもかかわらず、すべての人、社会全体、何より政府の動きが非常に鈍い。急性の危機が次々と押し寄せる中、慢性の危機の方も大変な時期を迎えているにもかかわらず、今、われわれは大きな危機を前に茫然《ぼうぜん》と立ちすくんでいる。そういう印象を持っています。

◉民主主義の回復には

われわれの民主主義はこれから回復していくのでしょうか。世界の危機だけでなく、日本も自らの重要な、根幹となる方針が急激に変わろうとしています。そうした中、自信を持ってこう変えていくしかないのだと、みんなで議論して、最終的に確信を得て、決意をもとに前に進んでいく、そんな改革には程遠いです。

むしろ、今、われわれが感じるのは漠然とした不安です。財政問題が悪化するけれども、どうなるのだろうか。とめどない少子化が進む中で、日本社会は維持可能なのか。日本の地域社会はこのままで持つのだろうか。誰も自信を持っていない。漠然とした不安がある。それでもまだ「何とかなるんじゃないか」という人の方が多いのかもしれません。今や、何とかなるとか、ならないとか、議論すること自体を避けています。

民主主義というのは、自分たちの社会にとって一番大切なことを自分たち自身で決めていくことであると考えるならば、私たちは、自分たちの未来を自分たちでつくるということに対して、どこか自信を失ってしまっています。自分たちには、

その能力がないのではないだろうかと。その中で、漠然とした不安はあるけれど、漠然とした不安ばかりを考えていると暗くなるから、どこかで、それに目を背けていれば、そのうちに危機が自然と去っていってくれる、それを待っているような、そのような雰囲気になっているのではないでしょうか。

しかし、それは国民の責任ばかりではありません。むしろ、われわれにとって本当に大切なこの国の将来というものを考える上で重要な情報、人口の問題もそうですし、財政の問題もそうです、エネルギーもそうですが、そうした情報が十分に示されていないことに問題があります。民主主義にとって、何が一番大切かというと、今、自分たちの置かれた現状、そのきちんとした情報をわれわれ国民自身が知っていることです。政府機関が、日本の将来を考える上で重要な情報を示し、それを基に国民が議論を進めていく。これが大事です。

しかし、日本の報道の自由は大きく低下しました。政府の側といえば、不都合な情報を示すぐらいだったら、一切の情報を出さないという方向へと流れています。結果的に、われわれは国の将来を考えるにあたって十分な情報を得ていない、示されていない。そういうふうに思わざるを得ません。

どういう未来を決定するか、具体的な内容も、もちろん重要ですが、最も大切なことは、自分たちにとって何が真の問題なのか。これが目に見えるような形で示されて、それに対してきちんと向き合うことです。これはもちろん苦しいことです。情報を知れば知るほど、そして、日本社会が目前にしている危機を見れば見るほど不安になります。それは私もまったく否定はいたしません。しかしながら、不安だからといって目を背けていても不安は消えません。不安を乗り越えたいと思うならば、自分たちの不安は何なのか、きちんと情報を持って、データを示して、自分たちで見て考えて、どういう対応策が取り得るか、ベストではないにしてもベターなのは何か、これを国民の議論できちんと決めていくことです。

このプロセスをやっていれば、いかに深刻な事態であっても、いかに危機的な事態であっても、自分たちは少なくとも前に向かって進んでいると思えます。状況をしっかりと自分たちの手で握り、どれだけ苦しいとしても、自分たちで決めた未来を自分たちの力でやっていくのだと、もし思えたならば、それは民主主義にとっては半歩、あるいは一歩、あるいは大きな前進だと思います。しかし、今は、必要な情報が示されないまま、真の問題が国民的な議論にならないように、むしろ隠されて、肝心な情報、肝心な議論がないままに、既成事実のように多くの重要な決定が政府の手でなされているというのが現状ではないでしょうか。

私自身、民主主義は、なぜ大切なのかということを、常々、自分なりに考えてきました。私は政治学者ですから、民主主義というのは人類にとって、非常に大切な政治決定の仕組みだということを当然の前提としています。特に、選挙が重要な仕組みであるということは間違いなく言えると思います。しかしながら、私は民主主義をもう少し広い意味で考えたいと思っています。自分たちの社会の問題を自分たちの力で解決していく。決してベストではないにしても、半歩でも前ににじり寄る、前に少しでも進む。自分たちの力で自分たちは前に進んでいるのだという実感を持つことが、民主主義にとって非常に重要だと思っています。そうだとすれば、今の日本の民主主義は機能を果たしているのか。どうしても疑問が出てきてしまいます。

もう民主主義なんていらないじゃないか、民主主義なんて学校の教科書で習う、頭でっかちな秀才の人たちだけが言っている一種のきれいごとだろうと思う方もいるかもしれません。しかしながら、私は、民主主義は私たちにとって本当に大切な仕組みだと思っています。その理由は三つあります。第一の理由は「公開による透明性」です。これ当たり前だろうとおっしゃる方も多いと思いますが、私たちにとって何が重要かというと、自分たちにとって本当に大切なこと、自分たちの人生、自分たちの働き方、自分たちの子育て、自分たちの暮らし方を決定するような重要なことが自分たちの知らないところで、自分たちの知らない人たちによって勝手に決められていくのは嫌だということです。これは民主主義の原点だと思います。

もちろん公開された、透明性の確保された決定だとしても、自分の思う通りの決定がなされるとは限りません。自分の主張とは反対の意見が最終的に採択されるということはもちろんあり得ます。とはいえ、少なくとも自分の目で見えるところでやってほしい。どこかでこそこそ隠れて、誰かが決めて、結果だけ示されて「もう決まったからね。あなた、これに従ってください」と言われるのは嫌です。少なくともその場に自分もいる。自分もそこで発言する。これが民主主義にとって非常に重要な要素だと思っています。そして「民主主義っていうのはよくない」「いらない」という人が何と言うかというと、非常に賢い独裁者がいて、賢い独裁者がすべてを決めてくれるなら、その方が楽なんじゃないかと。また、多くの人はよく知らないのだし、関心もないし、忙しいのだから、別に政治なんかに参加したくない、投票なんかしたくない、民主主義なんかに関わりたくないという人もいるかと思います。でも、私はそう思いません。

◉参加と責任

民主主義で何が重要かといえば、自分も当事者だという意識です。少なくとも民主主義というのは、より多くの人が、この社会に参加し、この社会において重要な決定に関わる。自分も当事者だということです。この社会の問題は、自分にとって関係のないことではなくて、自分自身の問題だから、だから自分もそこに加わって、自分も考えて、もし自分にできることがあるなら、自分なりにやっていこう。自分も当事者なんだ、よそ事じゃないんだというように思えるのが、民主主義の重要な要素だと思います。

人間って不思議なもので、自分は関係ないよって思っていると、何かエネルギーが出ないですよね。大変だと思うけれども、これは自分の問題だから自分なりに解決していきたい、取り組んでいきたいと思うと、どこか自分の中からエネルギーがわいてくる。民主主義というのは、参加を通じて、より多くの人に「自分もこの社会の当事者なんだ」という意識を持たせてくれる。そういう機会を与えてくれる。それによって一人ひとりの人間のエネルギー、ひいては社会全体のエネルギーを生み出してくれる。引き出してくれる。そういう仕組みが民主主義だと私は考えております。

そして、最後に、民主主義を含め、政治はやっぱり難しいです。エネルギー問題も、安全保障問題も、いろんな問題がなかなか解決できません。明確な解決はなかなかいけれども、やっぱり、それでも一つひとつ大きな判断をしていかなければいけません。今、われわれは大きな判断を前にしています。判断っていうのは難しいです。正解が分かっていればいいですが、そうなら判断する必要はありません。正解が分かっていないからこそ、判断するのです。場合によっては、間違った判断をするかもしれない。でも、民主主義の何が重要かというと、より多くの人にその判断に加わってもらい、その結果、自分たちの選んだ政策や方針に対して、より多くの人が責任を感じる。単に自分は利益だけを享受するのでなくて、社会に対して責任を果たしていく。民主主義の参加と責任はセットです。参加したからこそ、責任を取る。逆に言えば、参加もしないのに責任だけ取らされるのは、私たちは嫌です。もし、ちゃんとそこに参加した上で責任を取れるのだったら、われわれは深く社会に関わったことになります。

そういう意味で民主主義というのは、より多くの人に判断の機会を与え、そして、それに伴う責任を共有する。われわれは一切、発言できない。一切、判断に加われない、しかし、責任だけは重くのしかかる、これは最悪です。われわれは参加し、判断したからこそ、責任を取る。そういうような確信を持たせてくれるのが、民主主義の大きな機能だと思っています。

今、日本は大きな転換点にあります。２０２２年はまさにそういう年でした。そういう意味でこの機会に、日本の今の課題、何を判断しなければいけないのかということを考えることを通じて、民主主義について皆さまと一緒に考えたい、ということで、今日はお話させていただきました。ありがとうございました。

岸本聡子杉並区長　インタビュー

２０２２年７月31日、８月７日、８月14日の東京新聞朝刊掲載

2022年6月の杉並区長選挙に立候補し、初当選した岸本聡子《さとこ》さん。市民団体からの出馬要請を受け、出馬表明からわずか2カ月で臨んだ選挙では、住民と対話しながら公約をバージョンアップするユニークな選挙戦を展開した。187票差で現職を破り、7月11日に杉並初の女性区長に就任した岸本さんは「一人ひとりが関わることで何かが変わると示すことができた」と選挙戦を振り返る。また政治家に大切な能力は「学び、聞き、理解すること」と語る。就任後のインタビューでは、区政の問題から、民主主義や新自由主義に対する考えまで幅広く語った。

◉聞く力—市民参加の予算目指す

いろいろな地域で住民が主体となり変革を起こし、それがつながると大きな力になります。欧州中心に公共サービスや環境問題の研究や運動に取り組んだ時のこうした経験を、杉並区で役立てることができるという思いもあり、区長選に立候補しました。

選挙戦を通して、私は生活者サイドの話を聞いてきました。その時私はただの一市民でしたので、仲間として聞きました。区の行政を問題視している人の声はよく聞こえてきましたが、前区長の区政を支援していた人たちの声は私に届きませんでした。これからは、そうした人たちの考えも理解したいと思います。

行政組織は巨大で多岐にわたります。災害や気候変動、ＬＧＢＴＱ（性的少数者）、施設再編など長期的課題と毎日提供しなければならないサービスを扱っています。多くの職員がいて、区長１人の理解を超えているような組織。そこがすごさであり、難しさでもあります。でも、私はできるだけ学びたい。

就任直後、区の職員は私と支援者らが選挙戦でつくった粗削りなマニフェストと課題のギャップを洗い出してくれました。

区政が変わることに動揺もあると思います。職員がそれを受け止め、一緒に向き合ってくれることに感謝しています。信頼関係をどうつくるかは私の課題であり、職員の課題でもあります。

ゆくゆくは女性の幹部を増やすために、女性が働く場としてどういう課題を抱えているかを聞いていきたいし、早急に対策をまとめたいです。

また、地域や産業界、学識経験者による審議会や諮問機関の女性委員を（全体の）半分に増やしたい。女性が半分になったら雰囲気もずいぶん変わるでしょう。区長の権限でできる部分も多いので、積極的にやっていきたいです。

区民の声を吸い上げて区政に反映することも重要です。例えば、住民が気候変動について話し合う「気候市民会議」の創設があります。

この取り組みは、気候変動のように社会の在り方を根源的に問うテーマについて、既得権益から自由になることのできない代表者だけで話し合うことを超えて、無作為抽出などの手法で選出された市民が、専門家と共に学び、議論し、提案を行います。その過程で、市民が問題を自分ごととしてとらえ、共同で提案する政策のオーナーシップ（当事者意識）を醸成することができます。政治や政策への市民参画をひらく新しい民主的な手法として、国際的にも国内でも実践があり、注目を集めています。

住民が何かをやったことで「変わる」ということが重要で、市民が提案したプロ

杉並区長選で街頭演説をする岸本聡子さん。「候補者は公開討論会に出て政策を語り、自身の強み、弱みも見てもらうべき」と語る=2022年6月12日撮影

ジェクトに予算がつく「市民参加型予算」は実現可能だし、面白い。

短期的には、パートナーシップ条例を制定したいです。同性同士を対象にするだけでなく、事実婚の人たちも条例の対象にしている自治体もあります。杉並区では、単に追随的にやるのではなく、もう一歩先の議論を進めたいです。

◉民主主義──市民が関われば政治が変わる

区長としてではなく、欧州の非政府組織（ＮＧＯ）で長く働き、外側から日本を見てきた一市民として思うのは、政権交代がない国というのは珍しいということ。欧州では、中道左派と中道右派が政権交代を繰り返す傾向があります。

両者は「選挙で国民に審査される」という意識が強く、選挙に向けて政策を磨きます。政策ごとに考え方が違っても、ジェンダーや気候変動など、若者らが重視する新しい課題に応えなければいけないという緊張感は共通しています。党が時代の要請を政策に反映し、時代とともに変わるというプロセスがあるのです。

ここで前提になるのは、国民が投票に行くということ。国民の間には「投票に行けば変わる」という政治への期待が少なからずあり、政治不信が高まれば、街頭でデモなどの形で現れます。日本では政治不信が「選挙に行かない」という形で現れていいます。現状を変えたくない為政者には一番都合のよい状態です。政権交代もあったとはいえ、戦後、ほぼ同じ政党が統治し、時代に応じたアップデートができていないことには、危機感を覚えます。

「議論しない」という政治文化も問題です。候補者は演説やチラシ配りだけでなく、積極的に公開討論会に出て政策を語り、質疑を通して自身の強み・弱みを見てもらうべきです。「有権者は政策を見ていない」という考え方は為政者のおごり。政策を見てもらう機会を積極的につくるのが、政治に関わる者の使命です。

国民が主権者意識を取り戻す上で注目してほしいのが、やはり地方政治です。国政にはさまざまな課題があり、全体として政治不信が広がる中、「選挙に行こう」という呼びかけは多くの人にリアルに響いていません。でも、地方のことなら、選挙や地域の活動を通じ、街づくりや福祉、学校、公共サービスなど身近なものが変わる可能性があります。

私は市民グループと政策協定を結ぶ形で（区長選の）候補者となり、選挙戦を通じ、より広い市民層との議論を通して政策をアップデートさせました。市民が関われば政治が変わるということを示したのが、今回の区長選だったと思います。地域の活動が交流サイト（ＳＮＳ）によって、今まで選挙などに関わらなかった個人に届き、緩やかにつながりました。

これが杉並だけで終わってはいけません。他の地域でも「やってみよう」と思う人が出てきてほしい。それが、民主主義の危機を乗り越えるための一つのアクションになると思いますし、やがて国政も変えていく力になると思います。

◉政治の役割――新自由主義と対抗 公共を再生

杉並区長選で地域の皆さんに伝えたのは、経済危機や新型コロナウイルス、気候変動などの世界的な問題は、身近な課題とつながっているということです。「世界中の人が同じような生きづらさを抱えているんだ」と感じ、（課題の解決に向けた）勇気を持ってもらえたと感じました。欧州の非政府組織で、各国の公共サービス民営化の実態を調査してきた私の、いわば唯一の強みだと思います。

今、国内外で起きている多くの問題は、新自由主義的な緊縮財政に端を発しています。公的な仕事の非正規化が進んだ結果、若年層を中心に不安定な雇用が広がっています。欧州では公営住宅の売却が進む中で土地バブルが起き、住宅費が高騰しました。政府が後から価格を調整しようにも、公のコントロールが及ばなくなっているのです。

政治は、新自由主義が進む中で起こった「公共」の後退によって生活に打撃を受けた人々の十分な受け皿になってきませんでした。お金や権力を持つ人が中心の「エリート政治」になり、生活者の視点と政治が乖離《かいり》したことも原因です。労働組合の声を重視する政党もありますが、非正規労働者は労組にも入れない。結果的に、与野党ともに新自由主義的な政策を推進するという傾向が続いてきました。

こうした政治全般への怒りが、欧州では極右政党への支持に向かっているという現実があります。不安ややるせない思いを受け取ってくれる政党やコミュニティが他にないからです。

極右は常に排他的な主張をしているわけではありません。「福祉は大切だが、他の民族に分け与えるほどの余裕はない」など、人々に強く訴えるメッセージを持っています。最低賃金の引き上げなど、困難にある人のための政策を実現できるか、野党も含めた政治の姿勢が問われています。

大切なのは地域経済を重視し、公的な雇用を安定させること。私はこれを「公共の

愛用の自転車に乗って登庁する岸本聡子・杉並区長。区役所の駐輪場には区長専用区画が設置された=2022年7月28日、東京都杉並区で

再生」と呼んでいます。世界的に続いてきた「公共の破壊」からの転換は困難でしょう。ただ、区長選で私の言葉が有権者に届いたのは、多くの人が軌道修正の必要性を感じるからこそです。特に選挙を通じて出会った医療、保育、介護関係者からは、強い危機感が伝わってきました。

困難にある人の声を聴く努力については、妥協するつもりはありません。自分が当事者ではない問題に関しても、むしろ当事者ではないからこそ謙虚に学び、聞き、理解したいです。政治家に求められる、一番大切な姿勢だと思うからです。

路上の民主主義

岸本聡子・宇野重規　対談

2023年1月5日

日本の民主主義は危機的な状況にあると言われる。欧州を拠点に世界の市民運動を支援し、2022年6月、草の根選挙で東京の杉並区長選に初当選した岸本聡子《さとこ》さん。日本を代表する政治学者の1人で、民主主義を巡る鋭い論評で知られる東京大学教授の宇野重規《しげき》さん。草の根民主主義の実践者と研究者が日本の民主主義の現状と将来について語り合い、そもそも民主主義とは何なのか、多数決や選挙とは違う民主主義の本質に迫った。

地べたの民主主義

岸本　はじめまして。宇野先生とお会いでき、いっぱい民主主義について話をして、質問したいと思っています。よろしくお願いします。私は、今回の選挙で、民主主義を恥ずかしげもなく語ってきました。「恥ずかしげもなく」と言ったのは、私はそう思っていませんが、有権者の側からすると、民主主義を語るのは小恥ずかしく、この言葉が響かないんじゃないかと思い、戸惑いがあったからです。でも、私は戸惑っている場合じゃないというくらい、

民主主義へのこだわりと危機感があって、選挙で訴えました。すると、思った以上に、この言葉が有権者に響いてくれたんです。

宇野 よろしくお願いします。岸本さんからは現場で実践する民主主義の話をたくさんお聞きしたいと思います。民主主義という言葉が響いたとおっしゃいましたが、どんな時に感じましたか。

岸本 私、自分の演説の前に地べたに座って区民のリレートークを聞いてたんです。あとになって「地べたの民主主義」って呼ばれて、注目されました。あの時はですね、単に疲れてたってこともありましたし、私が立っていると、後ろの人が見えないとか、それに暑かったので、座らないと、きつかったんです（笑）。ただ、結果として「地べたの民主主義」と言われて、民主主義という言葉が使いやすくなりました。地べたに座って、地域のことについて語ったことで有権者に響きました。

宇野 地べたの民主主義、とっても素敵だと思いました。岸本さんはヨーロッパで長く活動されてきましたよね。ヨーロッパで忘れられない光景があります。２００

2年のパリでの反ルペン（極右政党の党首マリーヌ・ルペンの父で、同党の党首だったジャン＝マリー・ルペン）のデモです。デモって、日本では大変なこと、よほど覚悟がないとできないことっていうイメージがあったんですけど、あの時は、普通の女子高生たちが、向こうからワイワイと楽しそうな顔をして、みんなでやってきました。「何、これ？」と思って見たら、みんな「ルペン反対！」と言っている。自分も参加してみたら、ラップ音楽をやる人がいる、太鼓を叩いている人もいる。警官が見ていると言えば、見ているんですが、日本みたいにガチガチにガードするんじゃなくて、端っこの方で「ふうん」てな感じで見ていて、楽しかったですよね。「路上って民主主義の場なんだ」って、すごく印象的でした。

岸本　そうなんです。ヨーロッパは道路全体を占拠して、自分たちの思いを伝えます。日本はどうか。区長になる前に、高円寺の再開発反対のパレードに参加した時、規制が厳しくて道路の半分しか歩けなくてショックでした。

宇野　警察にしてみれば、反対派に襲われるのを守ってあげているって言うんでしょうが、あれでは、のびのびと楽しくできませんよね。

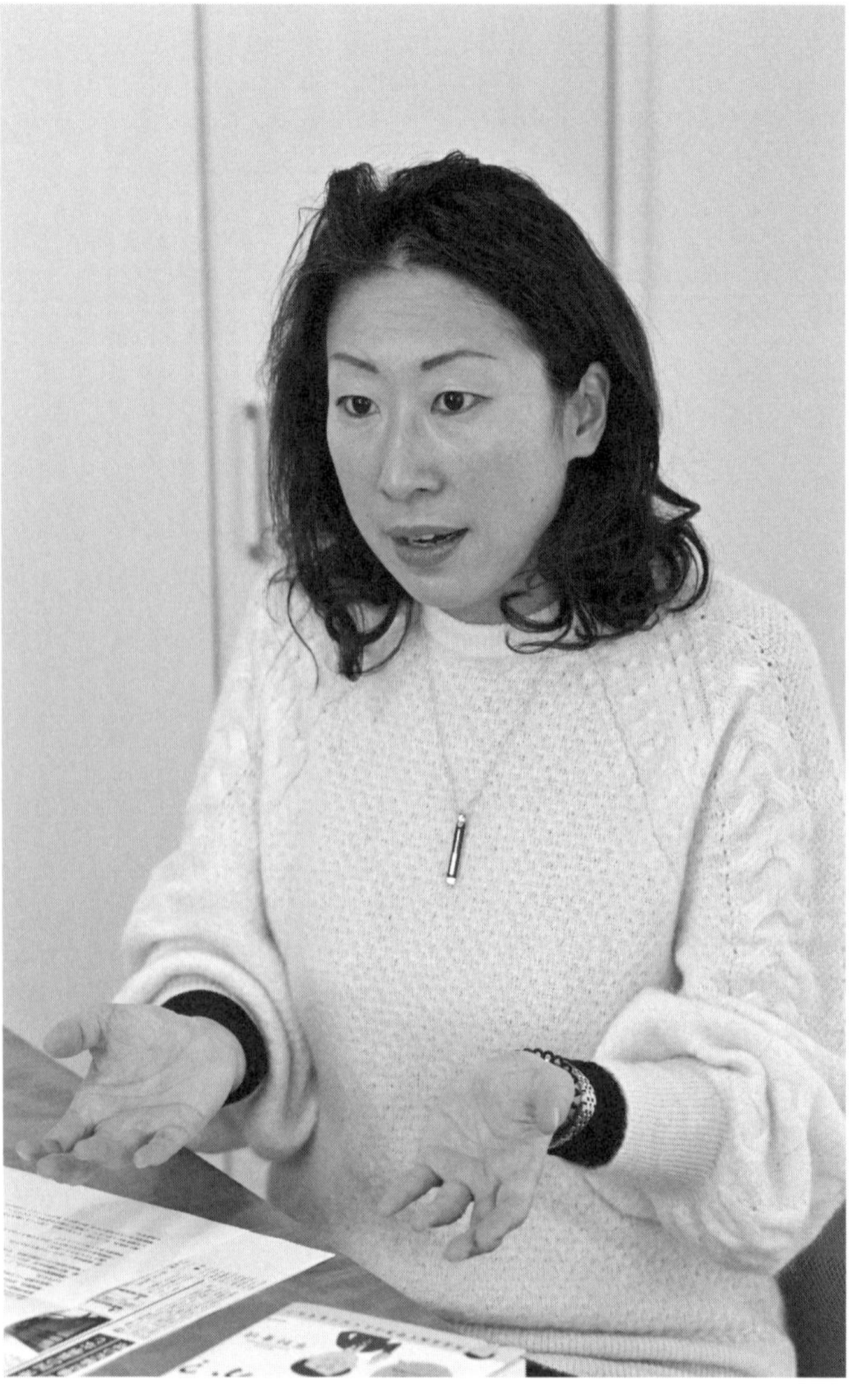

岸本　やっぱり、路上っていうのは表現の場、政治の場であって、私たち生活者、歩行者が時には占拠する権利があると思っています。

宇野　路上は政治の場なんですよね。デジタル技術を使って行政と住民が合意形成を図るソフトウエア「Decidim（デシディム）」というのが注目されています。これは、スペインのバルセロナ発のオンラインの民主的参加のためのプラットフォームです。日本では、ややテクノロジーの点ばかりが強調されていると思うんですけど、これはバルセロナ発というところに大きな意味がある。

バルセロナって、スペイン内戦の時から、ずっとスペイン政府にいじめられ、弾圧されてきたんです。そんな中で、１９６０年代にテクノロジーを活用して、民主的政治参加を拡大しようと始まったものです。つまり、市民が押さえつけられている中で、市民参加の可能性を広げよう、そのためにオンラインやデジタルを活用しようと始まったんです。それこそ、路上を開放して、みんなが参加して、いろんな活動に路上を使おうという運動が盛り上がっているところに、デシディムを使えば、もっとみんなの意思をうまく集められるじゃんないかって、始まったんです。

だから、あれは単にオンラインの技術だけじゃなくて、バルセロナの路上でずっと前からやってきたことが花開いたんです。みんなが集まって協力し合いながら市民の社会を発展させていく。まさに原点は路上にあるんです。だから、地べたの民主主義の話は本当に素敵な話だと思いました。

民主主義への危機感

岸本　選挙で民主主義という言葉にこだわったのは、民主主義への危機感からです。世界中で民主主義の危機のような出来事が起こっていますよね。例えば、先ほど、ルペンの話がありましたけど、フランスの極右対ネオリベラル（新自由主義）の対決、フランスの大統領選挙はこれまでは中道右派と中道左派の対決で、政治に安定性があった。それが今や極端な対立が当たり前になっている。私にとって印象的だったのは、2年前のトランプ前大統領支持者による米議会襲撃事件です。ヨーロッパではすごく衝撃が走ったんです。大衆民主主義の問題もあります。区議会の代表質問でも「大衆民主主義をどう考えますか」と聞かれました。

宇野　区議会でそんな質問が出るんですね。すごい。なんて答えましたか。

岸本　私が言ったのは「普通選挙を疑ったことがないので、もし大衆民主主義が駄目だというんだったら、普通選挙をやめなきゃいけない。でも、それは考えられない」と。メディアの扇動とか、ソーシャルメディアを使った世論操作とか、そうしたものは、当然、危惧しているけど、でも、だからといって、それが普通選挙を疑う理由にはならないと答えました。だからこそ、その民主主義を、私たちが地方議会の中で、地方自治の中で、住民、市民とともに作っていくために不断の努力をするべきだって答弁をしました。

宇野　すばらしい。

岸本　先生、どう思います？

宇野　僕は、本来、政治思想の研究者で、アレクシ・ド・トクヴィルという人から研究を始めたんです。アメリカのデモクラシーに着目したフランス人の貴族ですが、僕が研究を始めたころって、トクヴィルは貴族だし、大衆民主主義を批判した人だって、よく紹介されていました。要するに「大衆っていうのは危うい」「大衆っていうのは操作されて、間違った判断をする人」っていうイメージで語られていたんですけど、トクヴィルの本を読んでみると、そうでもないんです。

トクヴィルはフランスからアメリカにやってきて、ワシントンの議事堂を見たら、大した政治家がいないなって言うんですけど、ニューイングランド地方のタウンシップと呼ばれる基礎自治体を見て回って、おじさん、おばさんたちとしゃべったら、この人たちは地域のことをよく知っているし、考えているじゃないかと。何でだろうって考えたら、この人たちは自分たちの地域の問題は自分たちで解決している。だから地域のことを他人事と思ってなくて、自分たちのこととして考えている。自治を実践しているから、どの人でも、自分の意見を持っていると気づいたわけです。これを見て、民主主義って、そんなに悪いものではないと。彼は貴族ですから、初めは民主主義に対して偏見を持っていたんですけど、「あ

れ、悪くないぞ、デモクラシーは」って思って、帰国して本を書いたんです。

岸本　そうなんですね。

宇野　さらに言うと、オルテガ（スペインの思想家・哲学者）って人がいますね。『大衆の反逆』という本を書いていて、あれも大衆民主主義批判だって言われるんですけど、ちゃんと読んでみると、偉い人が大衆を馬鹿にして「あいつら駄目だな」という本じゃない。彼の言う大衆とは、自分の現状に満足しきって、もっと理想があるだろう、高いものがあるだろうなどと思いもしない人々を言うんです。かつ、今、自分たちのいる社会とか、文明が当たり前のようにあると思っていて、過去の人が努力してできあがり、今もいろいろな人に支えられて成り立っていることを忘れている人を大衆と呼んでいます。大衆民主主義を批判したとされるトクヴィルとオルテガが本当に言っていたことは、岸本さんの話につながるんじゃないか、と思ってご紹介しました。

岸本　面白い。話をお聞きして、どんどん触発されちゃいます。また、区議会の委員会の時に質問された話なんですけど、サイレントマジョリティー（物言わぬ多数派）

について どう思いますか。

宇野　トリッキーな質問ですね。

岸本　私が選挙で勝って、区長に当選したのは一つの民意ではあるんですが、投票率も低く、大接戦で、次点の候補も多くの票を得ていました。そうした中で、例えば、道路の問題とか、児童館をどうするかという問題で、私の意見が一定の人の支持を得たとはいえ、道路計画にしても、公共施設の再編にしても、もう粛々と進んできているわけですよね。その時に、私が変更を加えたい、少なくとも修正を加えたいというのは、本当に民意なのかっていうことを言いたいんですよ。人が何も言わない、意見を出さないってことは、今のままでいいと思っているからだ、だから言わないんだと。だから、私に投票した人だけのことを聞いても駄目だっていうことを言いたいわけですよね。

宇野　難しいですよね。トリッキーな質問です。確かに政治的にアクティブな人だけが市民ではなくて、一見、黙っているように見えるけれども、いろいろ考えている、より多くの人たちがいる。アクティブな人とアクティブでない人がいて、政治っていうのは、アクティブな人だけによって動かされるべきじゃなくて、アクティブでない人の思いや感情も受け止めなきゃいけなきゃいけないっていう、その限りにおいては、その通りだと思います。

ヨーロッパの人だったら、本当に何か不満があったら、まずは路上に出て抗議したりしますが、日本はなかなか言わない、言えない。心の中では言いたいんだけど、「どうせ言っても駄目」だとか、「何か言ったら周りから変な目で見られるじゃないか」と思って、本当はいろんな思いがありながら、それをうまく表明できない人たちが、日本社会には大勢いる。そういう人たちの声をどうやったら拾っていけるかは、大きな課題だと思います。

本当にアクティブに動く人はもちろん大切ですが、アクティブでない人たちの声もどうやってくみ取るか。今の民主主義って、そういう部分がよくできている仕組みではない。特に、地域の政治では、毛細血管のように、いろんな地域の、商店街とか、住宅地とか、いろんなところにいる人たちの声をもっともっと日常的にくみ取れるような仕組みがあって、その人たちの意見を尊重しながら政治をしなきゃいけないっていうのは、その通りだと思います。

ただ、議員さんは本当にそういうことをやっているという自負があるのか、どうかということ。選挙の時だけは、自分の支持者に対して、一生懸命、やるんでしょう。けれど、それだけで十分なのでしょうか。いろんな地域で、いろんなことを思って暮らしているんだけど、自分は政治に縁がない、政治に声を上げても仕方ないと思っている人に対して、本当にアウトリーチ（働き掛け）できているのかって、逆に聞きたいなと思います。

島の幸福論

岸本　サイレントマジョリティーの質問をする背景には、地域の計画づくりの問題もあります。地方自治体には都市計画、10年計画のようなものがあるんですけど、行政で大体決めて、最後にパブリックコメントで市民の意見を聞く、それを民主主義とするみたいなところがあります。

パブリックコメントは、条例で決まっている大切な手続きですから、やるにはやるわけですけど、やる時には、もうほとんど調整が終わっている状態なんですよ。そもそも、官僚が作文した大量の行政文書を示して、区民に意見を求めても、それだけではハードルが高いと思っています。むしろ、計画を作るまでに、どれだけ、地域の人たちに話を聞いてきたかということが重要だと思うんですけど。

宇野　地域の計画ですよね。僕の本籍地は島根県隠岐諸島なんです。2022年の大河ドラマで最後に後鳥羽《ごとば》上皇が流される場所です。そのうちの海士《あま》町という町は本当に元気で、3千人しかいないのに、人口の2割が若者中心の移住者で、定住者も増えている。しかも、Iターン者と地元住民がうまく交わっている。この島だけ、なぜ、こんなに元気なんだって、外国の人は驚いている。すごい楽しい島なんです。

あそこの偉い点は、ただ単にIターンの人を入れるだけじゃなく、地元に元々いる漁師さんや農業をやっている人とちゃんとすり合わせて、地域の計画を決めていることです。総合計画を住民たちも参加してつくることになり、役所の関係者と普通の住民が半々の組織をつくって、半年以上、議論して作っているんです。「島の幸福論」というタイトルで。

岸本　すごい。

宇野　これが本当にいいんですよ。「明日から1人でできること」というページがあって、その次は「10人集まればできること」とあって、「100人でできること」「千人でできること」と続く。例えば、島のラジオ局をみんなで作ろう、みたいな時は、こういう部署に行けばいいとか、竹を使って何かやろうという時は、こうしましょうとか、たくさん書いてある。

岸本　総合計画らしからぬ総合計画ですね。

宇野　楽しいんですよ。トクヴィルが米国で見つけたタウンシップのように、住民がじっくり時間をかけて作った計画だから、住民がそれを尊重するのは分かります。問題は、杉並区の計画が本当に住民の声を反映した計画だったのか、どうかです。この計画のままじゃまずいという声が高まったとすると、やはり、それなりの理由があったのかもしれません。これまでの計画の作り方に問題があったじゃないかと、そう考えるべきなんじゃないでしょうか。地域の計画は大切なので、住民がたくさん入って作るべきもので、「決まっていることに、とにかく従え」っていうのは、計画じゃないと思います。

岸本　区役所に入ってから分かったんですけど、行政計画っていうのが、とにかくたくさんあります。都市計画の下に下部計画として住宅計画やバリアフリー計画、地域交通計画がある。杉並区の場合は、まず基本構想というものがあって、そのあとに総合計画があって、公共施設再編計画っていったら、それだけで1次計画、2次計画という具合です。それぞれ一つの冊子が150ページから200ページぐらいあるんですよね。それをもとに行政が進んでいて、しかも数年から10年単位で進んでいる。だから、私が区長になっても、そうそう簡単には歯車は止められない。

なんで、こんなに作文をいっぱいしているのっていう感じなんですが、その一つの答えは、多くが国から来ているから、というような気がしています。

自治体が大変なのは、例えば、温暖化防止とか、ジェンダー平等とか、男女共同参画とか、デジタル化とか、当然、国全体でやるべきものですが、自治体もやりなさい、そのためには基本計画を作りなさいということになっているものが多い。義務ではないものもありますが、結局、それをやらないと補助金がもらえないとか、紐付けされているんです。だから、自治体にはいろんな計画があるんです。作らなきゃいけないから、作っているんです。区の職員は優秀だから、国や都の指針を見てこういうのを盛り込まなきゃいけないよね、みたいな感じで計画を作るので、中身が伴ってないと感じるものも多くあります。

宇野　具体例は何かありますか。

岸本　例えば、杉並区のジェンダー政策は皆無に等しいと、私は思っているんです。なのに、計画だけはある。地域の中を見ると、杉並区って、平和運動も、消費者運動も、自校式給食を残そうっていう運動も、自由主義史観の歴史教科書に反対する運動も、本当に女性たちが頑張ってきたんです。その方たちが地域でアクティブに活躍されているのに、区政の中でジェンダー平等の積極的な政策が少ない。

計画だけがあるみたいな、変なことになっています。
逆に、先ほどの海士町の計画はまさにボトムアップで作っていったからこそ、そこにはオーナーシップ（当事者意識）があって、それを実行していく町民、島民がいます。しかも、発想がいいじゃないですか。「1人から」って。そういう発想って絶対に行政にはないと思います。杉並区の計画と現実の乖離《かいり》、オーナーシップのなさっていうのを、先生のお話を聞いて、同じ地方行政でも、全然、違う姿があるんだなって思いました。

宇野　海士町の例はまさにそうですよね。ボトムアップで「みんなでこういうことをやってみたいんだ」と。逆に、それをやるにはどうしたらいいだろう、何人の仲間を見つけたらできるだろう、どういうふうに行政の力を借りたらいいだろうと、市民が何かやろうとするための計画になっている。
しかし、もしかしたら、多くの自治体の計画は、どこかで、市民抜きで計画を作っているのかもしれません。どこを見ているかっていえば、国からこういうものを作りなさいって言われて、それに合わせて作っているわけで、市民にしてみると、そんな計画あったんだっけ、そんな計画にどんな意味があるんだろうと。もちろん、私は計画をすべて否定する人間ではありません。やっぱり、岸本さんも含めて、区長さんって選挙で選ばれますから、何年かで変わる可能性があります。その時、その時の区長さんによって、全然、違ってしまって、長期的な対策ができないとなると、

やっぱりまずいから、インフラを含めて長期的に計画を立てて整備しなきゃいけない。その意味で、長期の計画をつくることを私は否定しない。着実にやっていくべきだと思う。

ただ、今、言ったように、ジェンダーとか、市民の参画とか、市民抜きでそうした分野の計画を作るとしたら、すごい矛盾ですよね。それはおかしな話だと思います。自発的に生まれてくるアイデアをもとにして計画を作るのは分かるけど、最初から市民抜きで計画を作っているとすれば、悪い意味でコンサル的な発想で、市民を対象としてしか見ていないことになりますよね。だったら、計画って何なんだろうと思ってしまう。

行政情報のデジタル可視化

岸本　こうした現状を変えるのに、何がポイントになりますか。

宇野　地域のことを考えようと思うと、5年後、10年後、人口を含めてこの地域はどうなっているのだろうと、継続的に物事を考えなきゃいけないのは、その通りだと思います。だとすると、行政情報のデジタル化がポイントになるのではないでしょうか。毎年の予算とか、今後の長期の人口推計とか、そういう情報が本当にデジタル化されて、住民が誰でもアクセスして調べられて、特に、中学生、高校生などを含め、若い世代がこの地域の未来をみんなで考えてみようって考えた時に、十分な材料が本当にオンラインで、誰もが利用しやすいような形で調べられるかどうかです。

現状は疑わしいですよね。多くの自治体で、肝心の情報は、実は紙だったり、PDFファイルになっているだけで、いじれないし、検索もできない。多くの自治体がそんな感じです。例えば、地域の人口推計をかなり細かい地区単位で分かれば、防災を考えるときに、ここにこんなにお年寄りがたくさんいて、木造家屋が密集していて、いざという時に逃げられるのかとか、考えられます。みんなで調べて、まずいんじゃない、こうしたらいいじゃないって、市民の間から、いろんなアイデアが生まれます。
そういう長期的なものを考えるための材料がどこかに見やすい形であるかっていうと、ない。僕らが長期的なものを考えだしたら、過去の経緯と、今後の変化をある程度予想できるデータが絶対に必要だと思うんですけど、どこにも出てない。なんか変ですよね。市民に長期的にものを考えろって言っているのか、考えるなと言っているのかよく分からない。

岸本 おっしゃる通りだと思います。情報インフラというものが、まさに参加型民主主義を考えるにあたって、本当に必要なことだと思います。確かな情報があってこそ、情報に基づく思考とか議論が成り立ちます。海士町の計画のお話で面白いなと思ったのは、1人でできることから千人でできることまである。1人がいいと思うことでも、仮に千人がいいと思えば、3千人の町では、もうそれはある程度、集合的な意思に近づいていくわけですよね。この作業を通じて、一人ひとりの意見がコレクティブ（集合的なもの）になっていく。
私はコレクティブって言葉がすごく重要だなと思っています。ヨーロッパの政治で学んだことなんですけど、これは1人の意見とか、一部の人の意見ではなくて、始まりが一部であったとしても、それをどれだけコレクティブにしていくか、集合的なものにしていくかっていう努力が必要なんです。そのための議論だったり、熟議だったり、広げていくっていうものだったり、そのベースになるのが情報です。

行政が扱っている情報っ

て、ものすごく多くて、決算委員会には分厚い資料が出てきます。資料室があって、見ることはできますが、それを見に来る区民って数人らしいんです。行政の論理で書かれている難しい決算資料なんて、一般の区民は見ません。

住民の考えの土台をつくる情報をどのように整備していくか。個人的な意見をコレクティブにしていくための仕組みをどうつくるか。私は、参加民主主義のための新たなチャンネルを作ることが、まさに行政の仕事だと思っています。行政の計画が下に降りていくやり方じゃなくて、住民の意見を計画にしていくという逆のベクトルを作るには、情報の整備と、個人的な意見をコレクティブにしていく議論とか、対話とか、熟議のツール作りが必要だと思っています。

民主主義のキーワード

宇野　コレクティブという言葉、魅力的な言葉ですよね。ヨーロッパにいると、いい言葉のはずだけど、日本語ではピンとこないですよね。日本では昔は集産主義とか訳されていました。どうもうまく日本語に訳せない。集合的って言っても、たぶんピンとこない。ヨーロッパでコレクティブって何かっていうと、「一人ひとりは無力かもしれないけど、同じように考えている人って、結構、世の中にたくさんいて、その共感を得て、集まって力を合わせていけば大きな力になっていく。一定以上の大きな力になれば、国の政治もそれを無視することはできない、それを活かして政治をやっていかざるを得ない。だから、みんなの力を集めていこう」という意味です。いろんな人々の思いが集まって、一つの塊になっていくような仕組みを作って社会を変えていこうっていう、すごくいい理念だと思う。

でも、日本では、一般的にあんまりコレクティブという言葉は使わなくて、これをなんて訳すかは大きな問題です。さらにちょっと脱線かもしれないけど、ソーシャルもそうなんです。日本の若者は社会的という言葉に、よくない印象を持っている。場合によって社会主義を連想する。ヨーロッパにいると、フランス語のソシアルにしても、ドイツ語のゾシアルにしても、いい意味じゃないですか。

岸本　ポジティブな言葉ですよね。

宇野　面白いと思ったのは、フランスで電車が来ないと思っていると、ピンポンパンポーンという音が鳴って「電車は社会運動のために来ません」というアナウンスが流れる。どういう意味か考えてみると「ああ、ストか」と分かる。全線でストをやると、市民が怒るから、〇番線だけきょうはストです、と　やるんです。日本人だったら、結構、みんな怒るけど、フランス人は「しょうがない、ソシアルだからね」「お互い様だからね」「俺たちも、いつかやるかもしれないしね」と。

あの感覚っていうのは「みんな、お互い様だよね」「いつか自分もそういう立場になるんだからね」「電車の運転手さんも大変なんだね。お互い、大変なんだから認め合わないといけないね」と、そういうニュアンスで「ソシアル」って、割とよく使います。みんなの生活が成り立っていくように、社会でお互い支え合っていくのは当たり前だよねと。

さっきおっしゃった通り、ヨーロッパでは社民政党が大きく後退したとはいえ、社会党とか労働党などの社民政党はまだ残っている。ヨーロッパにはソシアルはまだ残っていると感じます。日本の若い人は社会的というと、すぐに社会主義だ、ソ連だ、だから良くないと言うけど、ソーシャルって、みんなの力を合わせることなんだよ、お互いを支え合うことなんだよと伝えたい。ソーシャルとか、コレクティブという言葉をもっとポジティブに使えるようになりたいです。集合的とか集産的とかいう抽象的な訳語ではなくてね。

岸本　「協働」ではだめですか。協同組合っていうのは一つのあり方なのかな。みんな1票、みんなで作って出資して。でも、それは協同組合という歴史のある所有の形態だと思うんですけど、それで終わってはいけないと、私は思っています。

私の後援会の名前が「ソシアルサトコズ」なんですよ。そこに込めた意味があるんですよね。ソシアルには信頼や共感、助けあいという価値があり、ソシアルには「みんなで」という意味もあります。地域の民主主義をみんなで育てていきたいっていうことで、そういう名前にしたんです。

ストのことで言えば、今の私たちの生活があるのは、いろんな人たちの民主主義への努力の賜物《たまもの》、労働者が勝ち取ってきた権利の賜物であって、「当然、あっ

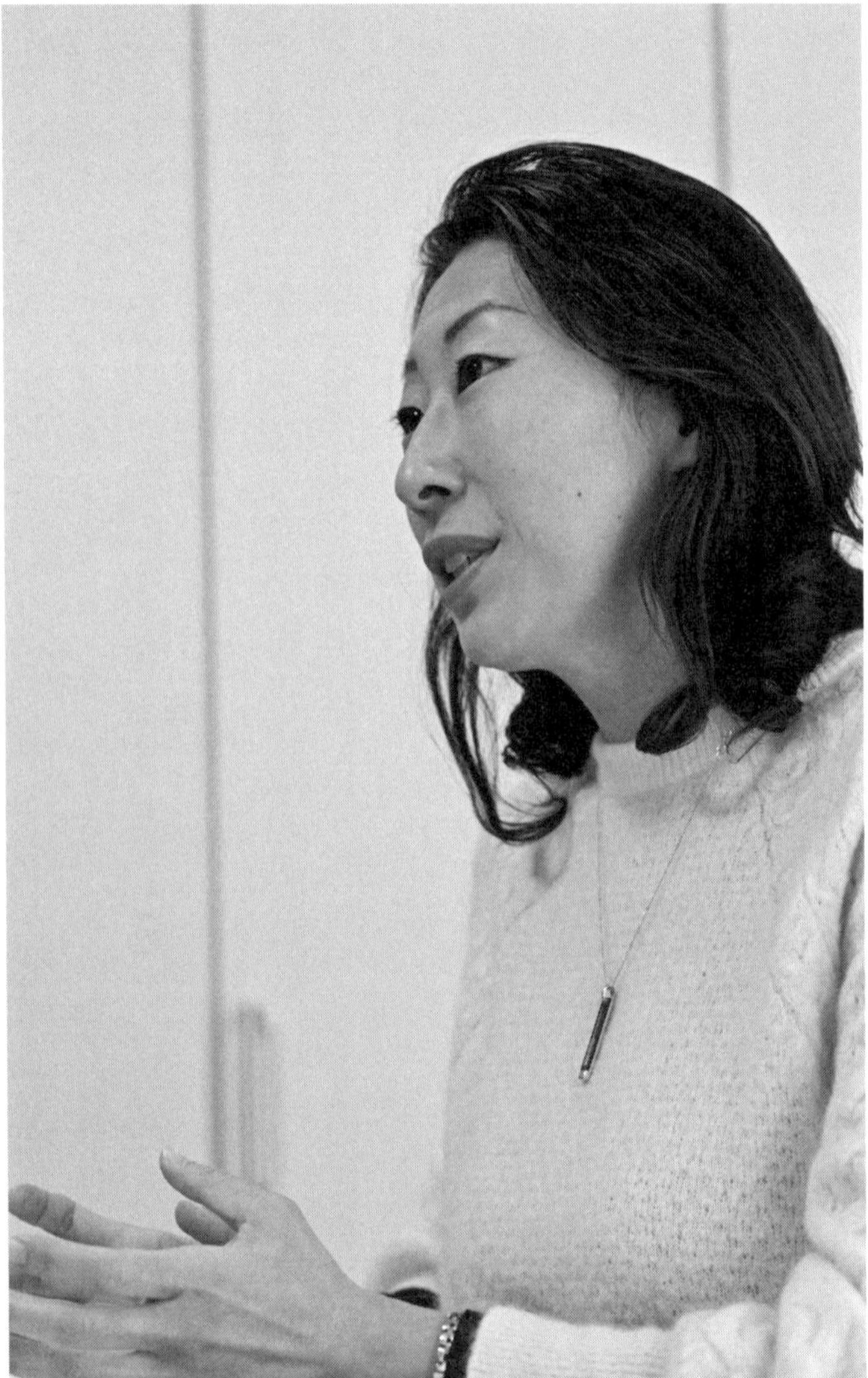

た」ものではないです。ストはまさにそう。フランスには法定で25日の有給休暇がある。それを取ってバカンスに3週間、4週間、行くというのは、当然あったものではなくて、労働者がストや労働運動で勝ち取ってきたものです。その恩恵を今の労働者たちが受けているということです。女性の参政権もそうですよね。

私たちは今だって戦ってます。ジェンダー平等で理不尽なことだったり、生きづらさとか、たくさんあるけれど、それでも、やっぱり女性参政権のために闘ってきた女性がいるから、今の私たちがある。そのおかげで今、私たちは言ったことに批判を受けることはありますが、拷問されたりはしないわけですよ。その自由を噛《か》みしめています。だから、私たちも次の世代に対して、今の世代の責任として、子どもたちが享受する権利を残していかなきゃいけないし、拡充していかなきゃいけない。その努力をやめた途端に、どんどん権利が圧縮されたり、制限されたり、縮小していきます。

２０２１年に当時の菅義偉《すがよしひで》首相が日本学術会議の推薦した会員候補の一部を任命しなかった問題が起こりましたよね。あの時に政権によって学術がゆがめられると危惧する声も上がりました。民主主義へのたゆまぬ努力をいっぱいやっている人と、全然、やらずに享受している人がいる。それも含めて民主主義だと思いますが、私はたゆまぬ努力をしていきたい。自分にとっては、それが人生だと思っています。ところで、お聞きしたいと思っていたのですが、学術会議問題について、先生はどう考えますか。先生も任命を拒否されましたよね。

宇野　直球ですね。大学と政治は、本当はもっといい関係ができるはずです。私は大学は決して特権的な場所でないと思っています。ただ、自由にものを言え、自由に好きなことを研究できる場所。それが保証されている場所というのは、すごく大きいと思います。その時々の政権の政策や意向に合っているか、合ってないかとか、そういうことは一切関係なく、多くの研究者が自分の問題意識に立って、学問の良心に立って研究活動を進めて、それが保証されている場所。かつ、過去からのいろんな知恵や情報を受け継いで、次の世代に受け渡していく場所という意味で、とっても面白い場所だと思います。

今、社会に余裕がなくなって、目の前のことしか考えられないという時に、大学だけは5年、10年、場合によっては、50年、100年先のことを考えていていいところで、社会の可能性を広げていくための場だと思うんです。だから、それを集めた知恵をうまく政治に活かせたらいいと思います。本当は、政治と大学は信頼関係にあって、もちろん政治家には政治家の判断の基準があってしかるべきだと思うし、研究者には研究者の良心があって、それぞれが違う原則であるから、時にぶつかることもあるでしょう。それでも、それぞれに自分の原則に基づいて、お互いに得るものを得られたら一番いいはずです。

コロナの問題なんて、本当にそうです。みんなの英知を結集しなきゃ、本当はコロナの問題なんか対応できないし、コロナ後の社会を構想することはできない。今が一番、大切な時なのに、学術会議問題で信頼関係をまた一からつくり直さなければいけない。そういう意味で残念だと思います。

岸本　重要な政策を立案・決定していく時、依拠する客観的な科学や学術の知識やデータが重要だということを区役所に入ってからすごく実感しています。政治家にしても、官僚にしても、どうしても組織の枠の中で考えてしまいがちで、広い知見とか、今、世界はどうなっているかとか、日本はどうなのかとか、そういったことについて科学的なことも含めて、専門家の知恵や知識が必要だと思っています。

宇野 だからこそ、政治と大学は信頼関係を築かないと、もったいないと思います。

日本の民主主義は痛んでいるか

岸本 私は民主主義の危機を感じて区長選に立候補しました。ただ、日本の民主主義が本当に痛んでいるかといえば、それは両面両輪というか、コインの裏と表みたいな感じがします。杉並区にも、日本にも住んでいなかった私が選挙に出るという、かなり無茶なことをやったのは、その両方からなんです。ここまで民主主義が痛んでるのかっていう思いと、民主主義はこんなにすごいんだっていう、両方があったからこそ、私が選挙に出たんです。

杉並区の中には脈々と続く市民の運動があって、そこで女性が本当に守ってきたものとか、作ってきたものがいっぱいあって、子どもの権利だとか、子ども食堂とか、高齢者のデイケアサービスとか、行政だけでなく、地域社会でつくってきたものがあります。その一方で、そういうことを可能にしてきた公共施設が再編のなかで減っていって、それに対して住民が全然、納得してない状態があった。
また、杉並区には、高円寺《こうえんじ》とか西荻《にしおぎ》といった個性豊かな商店街があります。個人店主がいて、そういう個人店をやりたい若者がいて、文化があって、音楽があって、1人で入れる飲み屋が無数にある。東京のあちこちで見られるスタイリッシュな資本中心の再開発とは違うガラパゴス進化と言われるような、貴重な街並みがあります。そこに都市計画道路という道路計画があって、多くの人がその必要性を感じていないのに、「計画だから造らなきゃいけない、東京都の道路ネットワークだから」と進められている。こうした状況を見たとき、本当の意味での自治というものに、どうしても関与したいと思いました。

宇野　国政から見た場合、日本の民主主義がどうかといえば、一つ言えるのは、日本の投票率の低さは世界的に見ても顕著ということです。国政選挙でも5割を切っているか、ぎりぎり5割くらい。世界の平均から見ても、突出しているし、韓国や台湾と比べても、かなり低い。これが恒常化している。日本の政治のどこかに行き詰まりがあるとすれば、基本的に半分の人しか投票所に行かないこと。ということは、仮に与党が3割の有権者の支持を獲得すると、選挙にはほぼ勝つ。5割しか投票しないという前提だったら、3割の人を固めれば、あとの野党が2割。それも大体、分裂しているとなれば、ほぼ政権は動かなくなる。

今の日本ってダメだと思うから半分の人は行かず、そうすると、逆に、固い少数派が政治を全部、動かして、それ以外の人たちは「どうせ駄目なんだよね」っていう悪循環が起きていると思います。5割しか投票に行かない有権者を責めるよりは、5割の人が政治に取っ掛かりを見つけようとしても、よく分からないということ自体が問題です。

いわゆる政党というのが、われわれにとっても身近ではない。何かどこか遠くにあって、「彼ら」であって、「自分たち」には縁がないものだと思われている。

自分はそことは縁のない人間と思った人たちが黙ってしまっている。それが日本ではこの20年間でさらに強まったと思う。日本の民主主義の問題は深刻化している。でも、岸本さんのお話を聞いていて、いろいろ、おもしろいなと思いました。オーナーシップっていい言葉ですよね。これは僕もとても好きな言葉です。何て訳すんですか。当事者ですか。

岸本 日本語だとやはり「所有」になっちゃうんですよ。

宇野 そうすると、ちょっと違いますよね。「これは自分のものなんだ」「自分のことなんだ」と思って取り組む、っていうことだから。当事者意識ぐらいが近いのかな。

岸本 当事者意識っていいですよね。もしくは「私たちのことは私たちが決める」?

宇野 「所有者」とは違いますよね。この会社の所有者は誰だっていう、そういう話じゃなくて、自分はこの地域のオーナーの1人だと思えることが大切です。例えば、近所の公園をどうするかは自分たちの問題なんだと思えること、それが民主主義にとって基本だと思う。

さっきのトクヴィルじゃないですけど、なぜ、彼がアメリカの地方の民主主義に感心したかっていうと、当時、フランスでは地方のことはみんなパリの人が決めていたんですよ。パリの政府とパリの政府から派遣された官選の知事が全部決めてしまう。だから、みんな、自分の地域のことを自分の地域の問題だと思ってない。フランス革命後もそうだった。革命で政府が変わったかもしれないけど、どこか遠いパリで決まったことが、結局、各地域で実施されちゃうっていうことは変わっていなかった。トクヴィルはそれを見て育った人なので、アメリカの地方に行ったら「違うな」「面白いな」「こっちは距離感が近い」と思った。だから、地域の問題を自分の問題なんだという感覚を多くの人が持っていて、これはアメリカの民主主義の強みじゃないかと考えた。

フランスでは、多くの人が、地域の問題はどこか遠いところにいる偉い人が決めることなのだろうと思っていたのに対して、アメリカでは名もなき普通の人も「これは自分の問題なんだ」という感覚を持っている。だからこそ、一生懸命になる。多くの人が「もう自分は関係ないや」と思っている社会よりも、多くの人が「自分の問題なんだから、自分なりに関わりたいよ」と思っている社会の方が、人間のエネルギーを引き出すだろう。だから、総量として見ると、民主的社会の方が人間の持っているエネルギーを引っ張り出すんだと、トクヴィルは言う。
それが、岸本さんがおっしゃったオーナーシップの感覚に近いのだろうと思います。今の日本の民主主義って、とてもオーナーシップの感覚を持ちにくいんじゃないでしょうか。オーナーシップって、やっぱり距離感なんですよね、すごい遠いところの話は、どうしてもオーナーシップの感覚を持ち得ないですよね。もちろん、地域が重要ですけど、今はインターネットとか、オンラインの力もあるので、情報さえ分かれば、今、何が起きているか、みんなが分かって、それに対して自分が何か関わらなきゃいけないって思えたら、オーナーシップだと思う。自分がアクセスできて、その結果がすぐ自分に分かるっていうこの感覚が、やっぱり大切なのに、日本の政治って、投票しても、その自分の票がどこに行ってしまったか分からない、それが問題だと思うんですよね。

岸本　そう思います。

宇野　岸本さんのお話を聞いて、杉並区ってやはりおもしろいと思いました。ガラパゴスと先ほどおっしゃいましたけど、確かにここって、道が細いですよね。住宅が密集して、大きな工場とかはなくて、商業地域がすごく多いですよね。地元に商店街の人たちがたくさんいて、文化があって、それこそアニメ関連も多いですよ。しかも元気があって。そういう市民文化、かっこつきの市民文化じゃなくて、本当に何か生活感がある、この地域で暮らしていて楽しいっていう、そういう文化がたくさんたまっているとこなんですよね。

今、日本の地域で一番欠けているのは何かというと、「この地域で暮らしたら楽しい、おもしろい」とみんなが思って、そういう人たちが、「だから、この地域を自分たちも支えていきたい」と思えるような、そういういい循環です。杉並区は最高に恵まれているところだと思います。

コモンとパブリック

岸本　そうでしょう。杉並区にはポテンシャル（潜在力）がすごくあると思っています。道路計画や施設再編をめぐる行政と住民の対立を見た時に、同時に、この地域にはポテンシャルがあると思ったからこそ、選挙に出たんだなって思います。でも、たぶんどの地域にも強さがある。絶対にあって、それを発掘していく作業だなぁと思います。

私は、オーナーシップにこだわってきました。イギリスって、国民保健サービス（ＮＨＳ）以外はすべて民営化した国です。鉄道も、通信も、電力も、水も民営化した。そこで、「ウィー・オウン・イット（私たちがもっている）」というキャンペーン団体ができた。私も一緒に活動しました。社会は私たちのみんなのものという感覚を取り戻していくというキャンペーンです。イギリスは全部売り払ってしまいましたが、インフラやサービスを国や自治体が所有しているということは、そこに住む国民、市民が共同してオーナーシップをもっていることになります。その共有財産だからこそそれをどう使うかは、国民、市民が決めないといけない。共有財産とは公共財です。これらは民主的に管理されないといけない。人によっては、公園のことに興味がある、でも、エネルギーに興味がない人もいっぱいいる、それはそれでいいじゃないですか。

でも、自分はこの公園にオーナーシップがあるとかね。自分はこの図書館、学校とか、みんな、それぞれ違うと思うんですけど、それをすべてまとめて考えるのが政治だったり、行政だったりすると思います。私はオーナーシップの意識を育てていくような自治をやらなくてはいけないと考えています。

宇野　岸本さんの著書『私がつかんだコモンと民主主義』を読みました。とても印象的でした。水の整備問題から始まって、安全もそうだし、住みやすい地域も、みんなにとってのコモン（公共財）、コモンズです。みんなで共有するものであり、みんなで支えていかなきゃいけないものであるし、大切に次の時代に継承していかなきゃいけない。環境もそう。公共サービスもそうだし、地域文化もコモンズですね。私たちの生活の豊かさって、大半はコモンズの豊かさと、ものすごく直結している。

パブリックという言葉も本来はすごく大切なんだけど、日本でパブリックっていうと、「行政」となっちゃう。パブリックって本来は「みんなのもの」って意味ですよね。コモンとパブリックはすごく近い。ヨーロッパだと、そういう感覚がある。「みんなのものだよね」「みんなのものだから大切にしていこうね」という感覚ですよね。それをみんなの力で支える。もちろん、努力して貢献して、自分も地域の一員としてその恩恵を得る。これが地域や社会に参加することだし、広く言えば、デモクラシー、民主主義なんだと。

もちろん、ありとあらゆるものに関心を持つのは難しいけど、例えば、自分の近くの公園、自分の近くの施設とか。ここに関心があるし、それに貢献したいんだっていう思いの対象がコモンズです。みんなが自分なりに地域のコモンズを発展、支えていく。本で触れていましたが、人を助けたいし、人々のコモンズを豊かにしていきたい。そのために尽くしていくことが自分のプライドにもなるって、もっと教育で強調していいことですよね。
いま、この国の教育で「何が必要ですか。大切ですか」と聞くと、かつてのように、成功して、学歴があって高い収入を得て、それが人生の幸せですよって言われても、今の多くの若い人は「別に」という感じですよね。それよりも、若い人には、地域や社会の大切なものをみんなで支えていくのに「あなたも貢献できるんだ」「あなたも貢献してよ」って言った方が、やる気になると思います。

若者の政治離れ

岸本　先生が大学で教えていらして、学生さんにそういう言葉って響きますか。

宇野　私は研究所に勤めていて、学部生のいないところなんですよ。ただ、大学の1年生向けの講義をしたり、非常勤先の大学で政治思想史を教えていたり、高校で講義したりしています。ある女子高での経験が記憶に残っています。進学校でしたが、必修科目ではなく、土曜日の午後に来たい人は来ていいよという授業なのに、中3から高2までの生徒が毎回30人くらい集まってくれました。この生徒たちはすごくやる気があるし、社会の役に立ちたいという思いをすごく持っているんです。

けれど、政治は嫌なんです。「そんなにやる気があるなら、政治に関わってごらんよ。民主主義の一員として、政治活動をやったらいいじゃないか」って言うと、「嫌だ」と言います。社会の役には立ちたいんです。それでも、政治というのは距離があって嫌なんです。できれば人生において関わりたくない。だけど、社会的に意味のあることはしたい。みんなじゃないですが、かなりの数の若者がそう思っているのではないでしょうか。社会の役に立ちたい、社会的に意味があることをやりたい、というと、響く子たちは一定数います。そういう実感があります。

岸本　社会と関わっていきたいと思う時に「だけど、政治が嫌だ」って、どう考えても残念な組み合わせですよね。でも、そうさせちゃった自分の世代を含めて責任を感じます。政治の今の状況を見て、自分の目指す社会のビジョンとか、社会に役に立ちたいことと、「政治＝永田町のおじさんたち」というピクチャーはつなげられないと思います。

地方政治に私が活路を見いだしたのは、国政に希望が持てない中で、どう政治の回路を修復していくか、民主主義の練習というのを地域からやっていくしかないという気持ちからです。で、その時にヒントになるのが、単に「選挙に行こう」ということじゃなくて、選挙と選挙の間に求めていくっていうのかな。選挙に行かなかった人も、自分が気になっているもの、介護、医療、保健所、子どもの教育、給食、公園、街づくり、仕事、そういうものに、オーナーシップを持って関わってほしい。その延長線上に選挙があるんじゃないか。そういう見方を、できるだけ多くの人にしてもらえるような区政にしたいんです。

統一地方選の行方

宇野　2023年4月に統一地方選挙があります。ここで民主主義が復活するかといえば、難しいですね。岸本さんがおっしゃった通り、選挙だけが民主主義じゃないですよね。投票率も低いけど、どうしたらいいか。「義務化したらいいじゃないですか」とかいう人もいるけど、それは、どこか、はき違えている。もちろん投票は大切だけど、投票自体が自己目的じゃなくて、人々が政治に日々、関わり、大きな変化のチャンスとして選挙があります。選挙の日だけが政治じゃないし、民主主義じゃない。日々、民主主義であって、自分たちが地域で関わる中で「ここで大きな変化を生みだそう」と選挙を使えば、本当は一番、理想的なんです。選挙と選挙の間にこそ、本当の意味での民主主義の真価が問われます。

そもそも、いきなり国政選挙って言われても、ピンとこないですよね。特に、野党が弱い今の政治状況だと、国政レベルでの投票の意味がよく分からなくなってくる。その中で、本当は地域の選挙こそが、身近なところで意味があるべきなんですけど、それも難しい。岸本さんも苦闘されていると思いますが、地方議会では議員のなり手もいない。普通の市民の人、社会の中で暮らしている人が地元の議会の議員になってみようという感じじゃない。

今の政治家は社会の代表者というより、世襲議員か、職業政治家が多くて、普通に暮らしている市民が「こういうことを言いたい、議会でアピールしたい」と言って、選ばれてくる感じじゃない。今の日本の民主主義って、地方から形骸化しているので、この上に国政があるって言われてもリアリティーがない。統一地方選といっても、全国の自治体で選挙期日が統一されているわけでもなく、投票率は下がると思っています。

この調子でいくと、いくら地元の地域の選挙といっても、それが空々しくなっていく。今、グローバリズムが世界的に行き詰まっていく中で、反動みたいなことが起きていて、一国一国それぞれが立て直しをはからないといけないのに、難しい。グローバルなレベルでリベラルな国際秩序を復活させるとか、民主的な世界に戻すということは、そう簡単にはいかない。

踏みとどまって自分の国の民主主義をどう立て直すか、自分の地域からどう立て直すかを考えないといけない時期なのに、その肝心、要の地方でこんなに投票率が低くて、こんなに議員さんのなり手がいなくては、盛り上がらない。なんかもう、すべてが嘘くさくなる。今度の統一地方選も盛り上がってほしいけれど、今のままなら難しいのではないかという危機意識を持っています。

岸本　先生の分析は怖いですね。一般的に選挙が盛り上がらないし、政権交代は起きないし、地方選挙なんかもっと盛り上がらないし。言ってしまえばそういうことが常態化している。先生から見て、その原因は何で、活路みたいなものはありますか。これが民主主義の危機なんですか。

選挙と議会の制度

宇野　民主主義で重要なのは制度だけではありません。人が何かを実践したり、協力していく方に、民主主義の可能性はありますが、やはり制度も重要です。今の地方議会選挙の制度はかなりバラバラですよね。世田谷区のような定数が50人の大選挙区があったり、自治体によって選挙制度が違う。本当はどうすれば地域の民意をくみとれるのか、そのような視点から選挙制度を考えた方がいいと思うんです。

例えば、地方議会に比例代表を導入する手もある。いろんな少数政党が出てきて、極端なグループも出てくるけど、市民運動とか環境系の政党なども出てくるでしょう。ですが、そもそも議員のなり手が足りず、比例代表どころじゃないですよね。その場合、どうしたらいいか。普通の市民の人が日中は別の職業に従事し、夜だけ議員になるのもありだと思います。そういう思い切った地方議会の活性化、制度改革が必要です。今のままの制度を維持していたのでは、どんどん空洞化していく。

岸本　これはどなたかが言って面白かったんですけど、日本は地方議会の定例会が年に4回ありますが、その仕組みが現代に合っていないと。会期も長い。米を作るのに従ってできていると。

宇野　へえ、そうなんですか。

岸本　定例会は2月、6月、9月、11月（異なる自治体もある）。つまり農閑期に議会がある。

宇野　おもしろいですね。

岸本　本当にびっくりするんですけど、議会は本会議で1日6時間ぐらい。会期は3～5週間にわたります。それでも、私が当選直後の杉並区議会には100人以上の方が傍聴に来てくれました。みんなね、子育て世代のお父さん、お母さんが、子どもを一時預かり所に預けて傍聴に来る。涙ぐましい努力をして、来てくれるんです。

でも、議会傍聴って、区民に優しくない。議員は山のような資料を持って、私を含めて官僚側も答弁書を持っている。でも、区民は何も持ってない。代表質問だと、議員１人が何十項目も質問をして、それを官僚は事前にチェックして答弁を準備していくんだけど、普通の市民が質問と答弁

を聞く時は、何の紙もなく、言葉が流れていくので、聞き逃しちゃう。
そういう議会運営を見る限り、区民に理解してもらうことを想定していないのではないかとすら感じます。そもそも、午前10時から午後5時みたいな時間、普通の人は傍聴できない。年間を通してずっと行われている議会もアメリカにはあるんですよね。最近、割と話題になっているのが、無作為に選ばれた住民が特定の課題を議論し、解決策などを決めるくじ引き民主主義。今のところ、気候変動とか特定の問題に生かされているけど、こういうやり方もあるのかなって思ったりします。あと、比例代表の話ですけど、ヨーロッパの大陸の地方議会って、私が知っているスペインやベルギー、オランダでは比例代表です。

宇野 そうですね、イギリスとフランスだけですね、小選挙区は。

岸本 ですよね。私は、比例代表は地方議会に合っているんじゃないかと思います。なぜかというと、政策で戦うわけですよね。有権者としては、もう地方選挙なんて、何十人も候補が出るから政策をいちいちチェックできない。
今度の杉並区議会選挙には80人出るのではないかと言われています。それをどうやって、普通の区民が選べばいいんでしょうか。でも、政党ならグループとして、責任を持って公約をつくるし、ディベート（討論）もする。そうすると、どの候補者だろうが、ディベートが成り立って、有権者は「自分の考えに近いな」って、その党に1票を入れれば、名簿の上位の人が選ばれていく。比較的、民意が反映されると思います。

やはり、個人に投票する選挙だと、政党も頑張るけど、結局、自分の地域の御用聞きみたいな人が何回も当選しているという状況が生まれてきて、しかも投票率が低いから、組織票だけで当選できちゃう。議会の質疑を見ていると、議員にしても、政党にしても、勉強したり、いろんなことを住民から聞いて調査をしたりする人、政策を進めようとしている人と、そうじゃない人の差が分かります。でも、勉強していない人も通ることができるのが地方議会選挙なんです。そういう中で、「選挙に行こう」って言うのが、申し訳なくなる。私は強い危機感を持っています。

宇野　おっしゃるとおり。日本の、小さな単位の選挙となる程、ほとんどの場合、特定の地区や業界の陳情に近くなる。地域全体ではなく、ある特定の地区、業界の票を集めれば当選できちゃうんです。地区と業界の代弁をする人ばかりが議員になっちゃいますよね。地域の大きな政策を決定するために、政党ベースで政策を議論する必要があって、そういう政治文化に変えるためにも、地方議会選挙にこそ比例代表制を導入すべきだと思います。

あと、おもしろいと思ったのは、ヨーロッパって連立政権ですよね。政権をつくるのに、時間をかけますよね、半年くらいずっと連立をつくるために交渉していて、実に丁寧にやるんですよ。よくそんな時間をかけると思うけど、なし崩しで数合わせはしない、ということです。どの政党とどの政党が、どういう政策で折り合えるか、ずっと調整します。その代わり、連立政権ができた時には政策プログラムがしっかりできて、やることも確定している。次の任期選挙までに、政策が実現できたかどうか判断する基準もしっかり分かる。時間かけて交渉するのも、これはこれで、おもしろい。日本にもこういう政治文化があってもいいんじゃないかと思います。

僕は、連立政権はあってもいいと思うんです。平成は30年あって、ほとんどの期間、連立政権だった。それを悪いとは思わないけど、何のために連立しているのか。単に選挙共同体だけではまずいので、それぞれ政策を掲げて選挙を戦い、終わった後に、今度はどこと手を組んで政策をつくるか、考え直す。それを公開のプロセスでやってほしいのです。

岸本　だから、ディベートが重要なんですよね。選挙はディベートなんです。政党だから、政党を代表してディベートする。それが地方選挙で見られないのはつらいなと思う。

女性政治家

宇野　今回、岸本さんみたいなヨーロッパですごく苦労されて、自ら移民として少数派の立場を経験された方が、日本に帰ってきて、政治家をやるのはすごくいいこ

とだと思います。もっと日本で若い、特に女性の政治家が出るには、何が一番、大切でしょうか。

岸本　今回の私たちの選挙では、いろんな要素がありました。もともと市民運動をやっている、筋金入りの市民活動家。私たちはレジェンドって呼んでいましたが、レジェンドだけでなく、選挙戦をやりながら、どんどん、いろんな人たちが関わってくれました。今まで選挙とか、政党とかにまったく関心がない方たち、特に女性が関わってくれました。私よりちょっと下の30、40代の女性、そして、学校の先生や医療関係者、保育園の先生、ケアワーカーの方たちが多く関わってくれたのが特徴です。

何でかなって思うと、やはり社会の矛盾を身をもって体験しているからだと思います。そういう人たちが選挙戦に関わってくれて、アイデアを出し合う雰囲気があった。「これをやっていいですか」「歌を作りました」とか。そういう人たちが、今度は自分で選挙に出てみようという機運になっています。すごいことだと思います。今までだったら候補者として声がかからない人たちばかりです。

政治の形骸化の一つに、しかるべき人しか選挙には出られないという雰囲気、状況がありました。普通に苦労している生活者が政治の中にいない現実がありました。選挙がうまくいくかは未知数ですけど、今まで声のかからない人が選挙に関わる土壌をつくっていきたいと思います。その意味で、首長の果たせる役割ってあるのかなと思います。特に女性。給食とか保育士さんの待遇とか、庶民感覚の政策が出てきます。区長が変わると、政策が変わるんだというところから始めることが大切かもしれません。

宇野　地方自治体の首長の役割は大きいと思います。

新たなうねりへの期待

岸本　統一地方選挙で有権者に「新たな選択肢」を示そうと、私や世田谷区の保坂展人《ほさかのぶと》区長ら都内の首長や地方議員によるネットワーク「Local Initiative Meeting（ローカル・イニシアチブ・ミーティング)」という組織ができました。保坂区長はかつてのような革新自治体のうねりが失われたのは、草の根の政策の反映に課題があったのではないかと言っています。革新自治体が福祉社会を前進させた成果を受け継いで、そこに次のエネルギー、新しいモメンタム(勢い)をどう作っていくのかが課題です。そこにつながる新しい種をまかないといけないという危機感があって、ローカル・イニシアチブ・ミーティングができたと思います。私も新しいモメンタムをつくっていきたいなと思います。すぐに全国的に広がるかといえば、そう楽観的にはなれませんが、でも、やっぱり何か始めなければ始まらない。だめだからと、戦いをやめたら、本当に終わってしまうので、戦い続けるという中の一つかなと思います。

宇野　確かに日本には革新系の首長による革新自治体の時期があって、その後、1990年代くらいから改革派知事がどんどん出てきて、マニフェスト選挙を掲げた北川正恭《まさやす》三重県知事らが登場します。革新自治体は結局、何だったのかというと、あまり結実しなかったという意見もあるかもしれないけど、決して無でなかったと思っています。

横浜市などもそうですけど、かつての革新自治体には、今でも行政職員の中に独特な文化、民間や市民の中に入っていこうという独特な行動スタイルがあるんです。なぜかというと、分かりやすくて、首長が社会党、共産党という革新系だと、議会は大体、反対派ですよね。議会に反対されながら、何とかやっていこうとすると、市民の方に新しい味方を作らないといけない。そのために民間や市民とつながっていこうとする、そうした文化を持った公務員がまだ残っています。

改革派知事は今から思うと、ほとんどが男性だったし、官僚出身も多くて、岸本さんが言うように、若い女性、文化や生活を支えているようなところから出てくる人たちとは違っていたかもしれません。また、知事ごとにマニフェストを出すなど、改革を試みましたが、そうした改革は必ずしも定着しなかった。ここに来て事実上、野党が壊滅している状況で、各地の選挙を見ていると、野党が駄目なので、保守が分裂しているんですよね。各地で保守分裂選挙が増えています。

岸本　どういう意味ですか。

宇野　２０２２年の石川県知事選には保守系が３人出ました。野党がだめだからこそ、保守が安心して分裂する。保守の中で今、自民党には違和感あるが、野党が駄目だから、自民党でない保守という形で割れることが起きています。

岸本　それ、すごいですね。

宇野　本当を言うと、地方自治体は二元代表制ですから、首長の選挙に、議会の構成とは全然、違うところから候補を出せます。そこで矛盾が起きることで、かえって政治を変えるチャンスになるという仕組みです。その意味で、地方はおもしろい選挙制度になっています。首長さんから大きなダイナミズムが起きるというのは、制度上、仕組みがあるんですよ。

日本は国政では、なかなか変化ができないような仕組みになっているんですけど、地方は短期間に大きな変化を起こせます。当然、首長は議会とぶつかるから、さんざん意地悪されて、行政がうまくいかないこともあるけど、政策転換、変革が起きる可能性があります。今は保守系が割れているだけですが、政策レベルの対立で候補がぶつかって、そういう中でユニークな首長さんが出てくることはあり得ます。東京で女性の区長が当選したり、変革の兆しも見えます。かつてのように元公務員だったり、元国会議員ばかりでなく、今まで政治の場に来なかった人、女性だったり、若い人たちが次々に首長さんにチャレンジして、変革を起こすことを可能性としては期待したいですね。

岸本　私も同感です。

宇野　私は令和臨調という民間主導で改革の提言をする組織に携わっています。昔あった民間臨調や、二十一世紀臨調と呼ばれていた組織の後継です。今、国会議員は積極的に改革に動かない。選挙制度もそうだし、政党のあり方もそうだし、二院制にしても、あるいは財政赤字に対しても、今の政治家は何も言えない。だから、民間から問題提起しようということで発足したのが令和臨調です。

岸本　そこに先生が入っているんですか。

宇野　日本の人口はこれからどんどん減っていって、22世紀までに6千万人を切ると言われています。人口減少が厳しく進む中で、それでは、どうするんだってことは避けられない課題です。日本をサスティナブル（持続可能）なものにするには、ちゃんと対策を考えていくことが必要です。ですから、令和臨調はみんなが嫌がることを言います。選挙制度とか議会とか財政とか、地域のあり方とか。考えなければいけないことを言い続ける組織です。岸本さんのような新しいタイプの政治家とか、リーダーがどんどん出てくるための「苦い薬」の組織となりたいと思います。

今や日本社会も、民主主義も、どちらも持続可能性が非常に低くなっています。民主主義と日本社会を持続させるためには、これくらいの改革が必要だと言うための組織になりたいと思います。もっと地域ごとに、改革の案が、どんどん出てくるためのプラットフォームを作りたいですね。地域から変えていく、そういう時に使えるアイデアとか、手段とかをたくさん提供できるシステムになっていきたいと思います。

民主主義を実践する原動力

岸本　私にとって、民主主義を実践していく原動力は、やっぱり、フェミニズムかなと思っています。フェミニズムというと、日本社会では遠く感じてしまうことがあるかもしれませんが、私にとっては、自分の思うことを言ったり、やりたいことをやったりすることです。日本には同調圧力みたいなことって、結構、あるじゃないですか。私自身はまったく同調圧力って感じたことがないんです。それは自分が言いたいことを言う、やりたいことをやるってことに、こだわってきたからです。

原体験となると、母ですかね。母に自己決定権がないということが理解できなかったですね。日本の戦後の家族の形とか、結婚とか、昭和の経済成長モデルの中で、犠牲になっていたのが昭和の専業主婦だったように思います。彼女が失ったものは自己決定なんです。でも、本来だったら専業主婦でも、父と一緒に生活を築いてきた点では全く平等なわけで、それがたまたま家事労働や子育てという無償労働であって、有償労働を請け負った父に100％の生活の決定権があるということに、あまりにも納得いかなかったんですよね。それがたぶん原体験です。

宇野　私にとっての民主主義の原体験は、さかのぼれば、

１９８０年代に学生として、アメリカで参加した日米学生会議です。トランプ現象を見ると、アメリカのデモクラシーはもう駄目だと思うかもしれないけど、僕が80年代に行った時は、まだ輝きがあった。デモクラシーとか、ヒューマンライツ（人権）とか、日本にいると、嘘くさい、建前のように思うんですけど、アメリカではちゃんと語れる人がいると感じました。

一緒に参加していたアメリカの黒人女性の大学生が、自分の家族のルーツを語りながら、ヒューマンライツについて、涙ながらにスピーチしているのを聞いて、本当に感動したんです。自分と同じ世代の大学生がこんなことを語れるんだって。デモクラシーとか、ヒューマンライツとか、僕らは学校で習ったことしか言えない。こんなに肌身の感覚として、ヒューマンライツがいかに大切なものなのかを語れるって、いいなあと思いました。

この後、２０００年頃にヨーロッパに行って、パリでデモを体験し、２０００年代後半から２０１０年代は日本の地方巡りをして、鉄鋼の街、岩手県・釜石からスタートして、自分の郷里の隠岐諸島の海士《あま》町、福井県、三重県などを回りました。釜石では高炉が消えてから、地域の人が頑張り、東日本大震災からも立ち上がろうとしています。国政を見ていると、失望して、日本の政治はどうにもならないと思う半面、日本の地域を見ると、元気が出るんですよね。問題も多いけど、頑張っている人がたくさんいる。

日本は地方にこそ大きな変革の可能性がある。アメリカ、ヨーロッパ、日本の地域で民主主義のリアリティーを感じました。アメリカで政治を自分の言葉で語れる普通の市民の姿、ヨーロッパの路上で何かを表現する人、日本の地方で頑張っている人、この人たちを思い出すと、自分なりに頑張らないといけないと、今でも思います。永田町を見ていると、新しい波がきていると思えないけど、日本の地方では世界の最先端の民主主義の実験をしています。

民主主義の「正義」

岸本　政治には縁がないと思っている人に向けて、どんなメッセージを届けていくか。私は、共感がキーワードだと思っています。共感というのは、共感する、共感してもらうという両方の作用だと思うんです。所得が低い人だけでなく、政治から取り残された人は社会にいっぱいいます。

先生が感動したという黒人の女性も、本来は政治から取り残されやすい立場ですが、そうした方が能力を開花させた時のエネルギーはすごく強いと思います。本来、持っている能力を引き出すことができるのが知識です。知識の共有。そして、共感をどれだけ、社会で作っていけるかが民主的社会のバロメーターだと思います。それは政党とか政治を越えた話だと思っていて、まさに民主主義のキーワードです。だから、教育が重要になる。

宇野　岸本さんの本でいいなと思ったのは、初めは「反グローバリズム」の運動をしていたけども、途中から反グローバリズムと言わないようにして、むしろ「グローバル・ジャスティス」と言おうと考えたことです。ジャスティスとは「正義」。正義と言うと、年配の人は月光仮面を想像したり、若い人には死語だと思うんです。だから「ジャスティス」と言った方がいいかもしれない。本当はたいそうなことじゃないんですよ。いい空気を吸ったり、豪華でないけど、おいしいご飯を食べて、いい水を飲んで、自然環境を身近に感じられ、誰からも危害を与えられる不安がなく、生きられるっていうのは、すべての世界の人が当然に与えられてしかるべきもので、贅沢《ぜいたく》でも何でもない。それが保障さ

れるのがジャスティスです。安全も環境もです。

岸本　住宅もそうです。

宇野　そうしたものすべてが「明日、どうしよう」と絶望的にならなくても、「なんとかなる」って思える環境こそがジャスティス、正義なんです。当然、全員が満たされてしかるべきです。でも、今はそれが贅沢ですよね。安全な環境が確保されて、明日のことを心配しなくていいって、多くの人からすれば、何を贅沢なことを言っているんだと思われるかもしれません。日本でいうと、おいしいお米を食べて、おいしい味噌《みそ》汁を飲めて、それだけで幸せだなと思える。もし、明日、温かい物を食べられる見込みがなかったら、世の中や社会に信頼を持てと言ったって、無理ですよ。だから本当に大切なのは、そういう基本的なところが満たされてしかるべきということです。特権者だけが受けられるのは駄目です。それは不幸な社会であって、みんなが基本的な条件を満たされるべきです。

ただ、それを実現するには、政府だけでは厳しいんですよね。自分たちがそのために何を貢献できるか。自分が基礎的なものを満たされたなら、今度は困っている他人に関わってほしい。自分が少しでも貢献したい、そういうことが生活を豊かにしていく、それが民主主義です。そのためには、まず自分が満たされるべきですが、精神的なものも含めて、保障されてないですよね。「これはおかしい」と言っていいはずですが、今は「おかしい」と言っている人の方がトラブルメーカーにされます。おかしい時におかしい、嫌なものは嫌と言える社会にすることが、民主主義の第一歩だと思う。たぶんそういう人に言うと、「いやいや、俺たち、そんなこと言えない、言える人は贅沢だ」と言われるかもしれないけど、言えるようにしなければいけません。

民主主義は勝つ

岸本　最後に先生にお聞きしたいのは、そもそも民主主義とはなんですか、民主主義って、私たちが本当に信じるべきものなのか。こんな根源的な疑問を若い人たちは持っているんじゃないかと思うんです。私は、民主主義を信じることに未来があると思っていますが、自分の本のタイトルに「民主主義」という言葉を使うかどうか迷うくらい、民主主義という言葉に人気がないと感じています。民主主義にはいろんな解釈、理解があって、しかも形骸化していると思われています。その結果、政治が遠くなり、自分たちとは関係ないものと思われています。民主主義って、本当に信じるべき政治概念ですか。

宇野　岸本さんは信じられますか。

岸本　私はこれ以上のいい仕組みが分からないので、信じます。もしかしたら、もっといい仕組みがあるのかなと思ってお聞きしました。

宇野　民主主義って、常に正しい答えを出す仕組みだと思っていません。より多くの人がそこに関わる、物事を決める、そこに価値を見出す仕組みです。民主的な社会のいい点は、多様な意見が認められる。いろんな人たちがいろんな場で発言し、問題にかかわる。だからこそ、ひとつの意見だけでは立ち行かない。ロシアのプーチン大統領がそうですけど、独裁者って、どこかで歯止めがかからなくなったら、もう本当に止まらない。止まったら自分が倒れちゃうから。民主主義というのは、必ずどこかで違う声が上がるから、振り子の針が戻ってくる瞬間がある。だからこそ、信じられる。絶対、一方に振れたままにはならない。どこかで戻ってくる。日本の民主主義は決して、そこまで弱くないと信じています。

民主主義を説明するとき、「主義」と言うからよく伝わらない。デモクラシーであって、デモクラシズムではない。ジョン・レノンが歌った「人々に力を（パワー・トゥー・ザ・ピープル）」です。王様や少数者の意見でなくて、ごく普通の人が力を持って、社会を動かすという意味です。もっと普通の人が力を持つ。そういう実感を持つことが民主主義です。だから、民主主義とは政治制度ばかりでなく、ある種、社会の状態だと思うんです。普通の人が力を持つ社会の状態だからこそ、民主主義は信ずるに値するし、自分はそこに向かっていきたいと思っています。そして地域の皆さんと会って、力を感じるんですよ。

岸本 素晴らしいと思います。

宇野 誰もが思っていることは、自分の知らないところで、誰かに勝手に大切なことを決められるのは、絶対に嫌だということです。自分たちにとって大切なことは、自分たちの力で考えたい。少なくとも、どこかで知らない人に勝手に決められて、「決まっているから、あなた、やってくださいね」って言われるのは嫌だっていう感覚は、みんなが持っていると思うんです。「私だって何かできる、やりたい、動きたい」という気持ちはみんなが持っている。そうしたら、必ず最後に民主主義は勝つはずです。

ＡＩ（人工知能）に指示されてもいいという人がいるかもしれないけど、そういう人だって、「自分で考えたいんだ」「自分で意見を言いたいんだ」と実は思っている。みんながそう思っているなら、絶対、民主主義は負けない。最後に民主主義は勝つ。時間がかかるかもしれないけど、振り子があって、その振り子が許されているのも、民主主義のいい点だと思います。今はすごいピンチだけど、下り坂ではないと思っています。必ず戻ってくる力が働きます。

研究者として、歴史から考えると、「民主主義って、こんなもんじゃない。いつもピンチ、危機の連続だったけど、２５００年も続いているじゃないか。だから、信じよう。みんな信じられたらいいね」。そんな感じです。

岸本　今の先生のお話は、私の生きざまにもつながり、共感します。ジャスティスって当たり前の権利ですよね、息のしやすさみたいなもの、何か言っても迫害されないとか、それが民主的な状態、民主主義って、民主的な社会とか、民主的な状態と言った方がいいですね。状態だから、これには終わりがないと。私たちがすべきことは民主的な社会を追求し続ける、努力し続けるってことなのかなと思います。一人ひとりが大切にされる社会を目指して。

あとがき

岸本聡子さんの印象といえば、やはり自転車での初登庁のイメージだろうか。軽やかで、スマート。政治家にありがちな権威主義的な雰囲気など微塵も感じられない。ヨーロッパのNGOで働いたご経験と合わせ、「日本にも新しい時代の女性リーダーが現れた」という新鮮な感動を覚えた。

しかし、お目にかかるに先立ち、岸本さんが書かれた『私がつかんだコモンと民主主義』（晶文社）を読んだり、対話の場所である杉並区の南阿佐ケ谷を歩いたりしているうちに、少しずつ印象が変わっていった。

岸本さんの軽やかで、スマートな印象は変わらない。ただ、本を読んでいるうちに、国際結婚をした岸本さんが、1人の「移民」としてヨーロッパで奮闘している姿の印象が強くなった。語学に苦労し、異文化の中での仕事や子育てに悩み、それでも「気候正義」（気候変動をめぐる世界の不公正な状況をただす）という初志を大事にする岸本さんは、グローバル化時代のごく普通な「生活者」であった。多様な文化的背景を持つ人間が、それでも少しずつ歩み寄り、互いの暮らしを尊重しながら、自分なりの思いや価値観を大切にしていく。こういう感覚の持ち主が、今こそ日本政治に必要だと思った。

杉並区という場所もいい。実は私は母の実家が近かったということで、杉並区内の病院で生まれている。ただその後はあまりご縁がなく、土地勘もなかった。漠然と、閑静な住宅地くらいに想像していた。しかし、実際に行ってみると、少しイメージが違った。細い道が入り組み、庶民的な雰囲気の商店街も多い。もちろん岸本さんが暮らしたヨーロッパの諸都市とは違うが、ごく普通の「生活者」の街だと感じた。日本での政治家経験のない岸本さんだが、この街ならうまくマッチするかもしれないと思った。

岸本さんとの対話は、ヨーロッパでのデモ体験から始まった。日本でデモに参加した経験がなかった私にとって、２００２年のフランス大統領選における極右候補の躍進に反対する市民のデモはとても新鮮に感じられた。日本のデモというと深刻な政治的対立のイメージが強いが、当時のヨーロッパのデモは、深刻な争点を持ちつつも、どこか自由な雰囲気があった（その後のフランスでの「黄色いベスト」運動などを見ていると、はるかに暴力的な印象が強いが）。高校生のグループ、ロックミュージックを流すグループ、お気に入りのコスチュームで統一したグループ……。なるほど、市民が政治的意志を表明するのは選挙だけではない、路上も大切な政治的意思表明の空間なのだと痛感した。まさに「まちかど民主主義」である。

日本の民主主義はもっと自由で、もっと多様であっていい。それぞれの人が、暮らしの中で抱いた思いや疑問を、気軽に表明できる場であってほしい。等身大の「生活者」が主人公となる民主主義が大切である。本書がそのような民主主義に向けての第一歩になったらうれしい。

2023年1月

宇野重規

宇野重規（うの・しげき）

１９６７年東京都生まれ。東京大学大学院博士課程修了。法学博士。専門は政治哲学、政治思想史。仏社会科学高等研究院や米コーネル大学法科大学院での研究を経て、２０１１年から東京大学社会科学研究所教授。著書に『そもそも民主主義ってなんですか？』（東京新聞）など。２０１６年から東京新聞・中日新聞コラム「時代を読む」「視座」を執筆中。

岸本聡子（きしもと・さとこ）

１９７４年東京都生まれ。２００３年からオランダに拠点を置く政策シンクタンクＮＧＯ「トランスナショナル研究所」に所属（現在は退職）し、各国の公共サービス民営化の実態などを調査。市民団体からの出馬要請を受け立候補した２０２２年６月の杉並区長選で、住民と対話しながら公約をバージョンアップするユニークな選挙戦を展開。１８７票差で現職を破り、杉並初の女性区長に就任した。

民主主義《みんしゅしゅぎ》のミカタ

宇野重規《うのしげき》×岸本聡子《きしもとさとこ》

2023年3月31日　第1刷発行

著　者　宇野重規《うのしげき》・岸本聡子《きしもとさとこ》

発行者　岩岡千景

発行所　東京新聞

〒一〇〇-八五〇五　東京都千代田区内幸町

二-一-四　中日新聞東京本社

電話［編集］〇三-六九一〇-二五二一

［営業］〇三-六九一〇-二五二七

FAX〇三-三五九五-四八三一

装丁・組版　常松靖史［TUNE］

印刷・製本　株式会社シナノ パブリッシング プレス

ISBN978-4-8083-1082-0　C0036